图书 影视

城堡法则

The C.A.S.T.L.E. Method

[美]唐娜·泰特罗 著

陈丽 译

台海出版社

献给我的丈夫安德鲁，你总是无条件地支持我、包容我，谢谢你总是信任我。

献给我漂亮的孩子们——杰克逊和亚瑟，是你们给予我灵感。你们是我的全部。

你们是我此生的挚爱，爱你们。

目录
contents

序 — 01

引言 — 03

第一章　同理心 — 001

第二章　接纳 — 043

第三章　安全感 — 073

第四章　信任 — 097

第五章　爱 — 119

第六章　期望 — 139

第七章　教育 — 161

结语 — 188

尾注 — 190

序

菲利普·C. 麦格劳博士

唐娜·泰特罗是我亲爱的朋友、可敬的同事。和她并肩工作了许多年，我有幸见证《城堡法则》终于付梓成书。我曾见证了一个又一个的家庭在采纳了唐娜的哲学和具体的行动计划之后，最终取得了胜利。我曾在她的电视节目、博客、专栏以及著作《亲爱的我：为了我所有的情绪而写给自己的信》(*Dear Me: Letters to Myself for All of My Emotions*) 和她的教学计划中都看到了《城堡法则》的影子。构建坚实家庭的能力深植于她的 DNA 中。唐娜·泰特罗是真正的人中翘楚，她慈悲善良、忠诚坚定，绝对是我遇到的最好的育儿专家和家庭顾问。而且她本人也很幽默。

我相信《城堡法则》会是你育儿路上至关重要的工具。为什么这么说？我认为现在的孩子需要养成教育，也需要背后有一双坚定的手，把他们推到富有活力、竞争激烈的社会生活和学习生活中去。唐娜是育儿领域的高手，她能解决父母此刻和未来面对的一切问题。

我们不能等到心理健康问题出现了才去解决，我们要有前瞻性，在孩子生命的早期就提供积极的心理健康策略。有研究清楚地表明了这一点：美国疾病控制与预防中心（CDC）的数据显示，相较于历史上迄今为止的任何时期，如今的孩子经历着更高程度的抑郁、焦虑和孤独。正因如此，我们要早早地教孩子关注心理健康，学会自爱。自我同情是贯穿《城堡法则》全书的主题，这个主题也必须呈现在我们的育儿过程和家庭生活中。

我们不仅想要成功的孩子和家庭，更想要健康的孩子与家庭。

疫情给全美国的家庭、所有的父母及孩子带来的消极影响是非常深刻的，这种影响波及精神、情绪、教育、个人、社会以及发展的方方面面。《城堡法则》是积极的、支持性的，这本书从各方面教你如何拥有一个虽不完美，但是超棒的家庭。唐娜的新书在这个时候发布非常契合时代的需要，没有比现在更合适的时机了！

《城堡法则》的影响力体现了唐娜对多年的经验、训练、同情和在任何条件下讲究基于实证的育儿方式的分层组合。她毕生致力于寻找最佳的育儿实践，认同并理解没有一个孩子或父母是相同的。因此，她能明白为了更好地培养孩子，在孩子的成长和父母的育儿过程中，什么才是最重要的。简言之，唐娜做到了。她本人也是育儿领域中的一员，是两个孩子的母亲。她不是空谈的理论家，而是现实世界里亲力亲为的母亲，对今天育儿过程中面临的挑战，她都理解并且感同身受。

《城堡法则》是父母的福音，他们总是绝望地举起双手，说："我爱我的孩子，但我多么希望他们出生的时候一起带来一套操作手册、使用说明或具体的方法指南啊！"亲爱的读者，我劝你采纳唐娜的方法，给你的孩子提供温和的建议和指导，最终实现唐娜的心愿——毫无疑问这也是你自己的心愿——让孩子真正成为她作品的受益者。

引 言

2008 年 1 月 16 日早上 7 点 12 分,保罗·哈克迈尔(Paul Hackmeyer)医生兴奋地喊道:"是个男孩!"我的生活从此就永远地变了。我不再仅仅是唐娜了,现在我成了杰克逊(Jackson)的母亲。那天陪在我身边的是我自己的母亲,她是全世界最慈爱的母亲。她是世界上最爱我的人,无条件地爱着我,在我生命的每一天我都能感受到那种爱。

我有很多关于母亲如何教育我的回忆,这些回忆时常浮现在我的脑海里。她非常友好、慈爱、有趣。我不像她,我特别腼腆。但她懂我,她真的懂我。

在我还是个幼儿园的小姑娘时,她温和地帮我交朋友。我至今还记得她提议我们去邻居家拜访。在我和邻居家的小女孩一起玩时,她静静地待在附近。为了帮我,她总是在推我前进,但不是用那种可怕的方式推我。她本能地知道与她相比,我更与众不同一些,她尊重我的这种不同。是她让我想为自己的孩子提供最好的一切,就像她也曾想为我提供最好的一切一样。她教我享受这个过程。

母亲患有早发性帕金森病已有 15 年。我们不知道的是,在那个阳光明媚的冬日,我的宝宝降临到这个世界时,我在这个世界拥有母亲的时间却只剩下 5 年。

杰克逊出生一年后,我的第二个儿子亚瑟(Asher)出生了。那段时间我忙着照顾两个孩子,而同时我的母亲也需要我的照顾。逐渐失去母亲的同时,还要成为一名新手妈妈,这是我人生中最艰难的经历之一。即使母亲依然同我们在一起,我还是会觉得悲伤和孤独。她不能再做我们曾梦想一起做的事情:一起接孩子们放学;和全家人一起享用周日的晚餐；或是仅仅在一起享受生活。我所能做的只是守护我们之间的联系，守护我们作为母女的最后时光，尽管我知道我们的时光可能很有限。我需要她教我如何成为一名母亲，可她在悄悄从我身边离开。在剩下的时间里，我认真地听着她的忠告；在她跟她的其他孙儿在一起时，我仔细打量着她。等她的病情变得更严重的时候，在她不能再给我提供建议的时候，我只能回想小时候她教给我的一切。我至今仍常想起那些时光。

我总是想起她甜蜜的微笑，我在亚瑟的脸上看到了同样的笑容。我告诉亚瑟他脸上有着外祖母的微笑。我知道母亲依然在精神上引领着我，我能清楚地听到她的声音，我至今仍会给她写信。下面是2019年11月3日，她生日那天我写给她的信。当时我正在写这本书。

亲爱的妈妈，我漂亮、甜蜜的天使：

你教给我的所有东西，你带给我的一切，你对我怀有的所有想象，这所有一切都在启发我写下后面的这些文字。你对我的教诲，你对我的爱，我永远心怀感激。谢谢你让我做我自己。你永远在我身边。

全心全意爱你！

唐娜

那几年只是我育儿之路的开始，那几年于我而言非常艰难，有时甚至是困惑迷茫的——却是非常有意义的——我知道这条旅途上并不只有我一个人。现实是我们对育儿一无所知，直到我们年年岁岁、朝朝暮暮、时时刻刻身处其中，生活在其中。就在你觉得自己掌握了育儿之道的刹那，你又突然意识到你并没有掌握——或者你掌握了，但只有一点点。在学习育儿的路上，我们很难画出一条坚实有力、持续不断的学习曲线。天下的父母都在尽力让孩子走在正轨上，但有时生活会变得势不可当、一地泥泞（事实的确就是这样），再好的打算也会变得事与愿违。有时候这一地鸡毛最终会变成社交网站的帖子下的一场唇枪舌剑的争执。无论怎样,欢迎加入当今的育儿行列!

事实上,在育儿之路上,我们都是利用各种资源边走边学,从我们之前的雷厉风行的父母到研究儿童成长的专业科学家。最关键的诀窍是学会如何教育我们自己,如何去选择依赖哪些资源,以及依赖的程度是多少,尤其是当这些资源相互矛盾的时候。我相信你听到过这样的争论:

"往后退,不要做过分控制孩子的直升机父母。"

"往前推。"

"不要推。"

"不能吼叫,要轻声慢语。"

轻声慢语?我试过了……不起作用。吼叫也同样不起作用。在这个领域中,有太多专家试图把最好的育儿方式结合在一起,但没有一种好办法,没有一个完美的方案。天底下的每一位父母——不管是待在家里的还是在上班的,是家庭完整的还是离了婚的,是名人还是普通人——都在这条路上挣扎。对天底下的每一位父母来说,建立欢乐、坚实的家庭的方法是独一无二的。那么,接下来父母面临的问题(这也是本书努力去回答的问题)就是:有没有公分母,有没有适用于所有家庭的通则,即使每个人具体的应用方法有所不同?

简单来说是有的。想知道具体点的答案,那就从本书中去寻找吧。

我的育儿教育

我钻研育儿这个话题已有十余年了。从13年前我的第一个孩子出生后,我就一直在和父母交谈,在采访国内顶级的专家、医生和教育家。我本人原来是一名教育工作者,后来转为电视通讯记者,再后来又成了育儿节目主播和作家。除了这些,我还是哈佛大学教育研究生院（Harvard University's Graduate School of Education）的客座博主，还应邀在菲尔博士的节目中做育儿专家，这个身份至今让我觉得很不真实。（如果我收到上节目的邀请时母亲也在场，她一定会高兴得跳起来。她很崇拜菲尔博士，这点我很认同。菲尔博士给予我们的帮助和关怀是无可匹敌的；他的成就也无人能敌，数十年中他竭力为所有的儿童发声，致力于构建健康的家庭和解决心理健康问题。我特别感谢他能为本书作序。）

成为记者之前，我曾是一名老师。在加州大学洛杉矶分校（UCLA）获得英语专业文学学士学位后，我一头扎进教育工作，其间获得了多学科教学资格证书，在东洛杉矶地区洛杉矶联合学区（LA Unified School District）教了5年小学生。我的学生来自这一地区收入最低的社区，每个学生的父母都至少做着两三份工。教室里有许多学生，资源却不是很多。当老师真的能让你从全新的视角去看待孩子和育儿。

父母都想帮孩子在学校里学得更好，在生活中过得更好，但他们不知道该如何去帮。有一个家长让我督促她儿子把家庭作业写完，那不是我的工作，但她不知道在家里如何能让她儿子主动写作业。她不知道自己在儿子的教育中扮演着多么重要的角色，她不知道我们三个人——学生、老师和家长——组成一个团队有多重要。我逐渐发现她不是唯一一个不明白这些的人。许多家长都缺乏充分参与孩子教育所需要的时间和资源，这只是父母面临的诸多问题之一。

我的确喜欢教书，也很喜爱孩子，但当老师能得到的资源非常有限，我不确定做老师是否真的适合我。因此我决定改变职业方向，从老师变成记者。这一改变让我的世界发生了天翻地覆的变化，我向东出发去了得克萨斯州的米德兰。之后，我又搬到了纽约州的罗切斯特市。短短4年之后——那时觉得4年就是永远——我又回到了洛杉矶，回到了家乡。

在洛杉矶当记者可不是常人能干的，工作任务非常繁重。最初在洛杉矶招聘我的新闻部主任把我介绍给了 KCBS 电视台的执行编辑（就是分配任务的那个人），说了我永远都不会忘记的九个字："成败由命，给她个机会。"就这样，我开始了在洛杉矶的记者生涯。

很快我就成了 KCBS 电视台的教育记者。几年之后，我进入 KNBC 电视台（将周末的工作日程换到了周内）。在那里我一干就是 8 年，实现了我的理想。之后，我进入了 CNN 洛杉矶分部，再次开始在周末工作。

我热爱电视报道，但不是因为你所以为的那些原因。做记者很累，毫无荣光可言。你在电视上看到的两三分钟的节目，我们需要花好多个小时去完成。不过幸运的是，我最喜欢这份工作的地方在于可以采访别人，可以倾听他们的故事，找到最重要的东西。我也很喜欢给图片配上文字，喜欢精心准备一个故事，喜欢给观众提供重要、准确的信息。记者担负着寻找真相、教育公众的重任，这正是我的动力所在。新闻工作中对真相的追究和渴求正是它成为全世界最好的工作的原因……直到我成了一名母亲。

2007 年传来爆炸性消息：我终于怀孕了！从那一刻起，我知道我的记者生涯也抵不上我即将迎来的新角色。我一直都想成为一个母亲，我们努力了很多年才怀上孩子。尽管之前因为凝血障碍我曾流产过 4 次，经历了许多的哀伤与悲痛，但医生最后成功解决了，我成功把宝宝怀到了足月。后面发生的事情你已经知道一些了，我们就稍微快进一下到 2008 年吧。

杰克逊 6 个月大的时候，我又怀上了亚瑟。和其他的新手妈妈一样：我觉得筋疲力尽、焦虑不安，但依然在努力平衡。等亚瑟出生后，我的生活一度陷入困境。我知道我需要学习更多的育儿知识，我想学到家里的父母和行业里的专家知道的所有知识，我想听到好的一面、坏的一面，还有丑陋的一面。我就像一块海绵，吸收着所有可以学到的东西，正像我的宝宝们一样。就是在那个时候我决定开始关注育儿报道，我要利用我的技能来教育自己，同时帮助想要对孩子、家庭和育儿了解更多的任何人。

幸运的是，我得到了我想要的教育。作为电视记者，我可以接触到海量的信息，我可以和斯坦福大学、哈佛大学以及加州大学洛杉矶分校的教育专家交谈，可以和心理学家、研究者以及国内顶级医院的医生交谈，还可以和普通的爸爸妈妈、爷爷奶奶交谈——总之，我可以沟通交流的人数不胜数，我把一个又一个的问题抛给他们。我问研究者他们发现了哪些实践证明有效的育儿方式，我让父母分享他们育儿失败的情形，以及如果重新来过，他们会做出怎样的改变。当然我也跟父母谈起孩子，当他们神采奕奕地谈着自己的孩子，分享着成功的喜悦时，我觉得这是最欣慰的时刻。于我而言，这就是生活的全部。在生活中，我有幸结识了这些人，并获取他们的知识。在读这本书的过程中，你也可以从这些采访当中汲取些许智慧。

教师、通讯记者、育儿记者以及母亲的多重身份让我有了复杂、有趣的视角。我反复练习如何去育儿，许多父母也曾这样练习过，甚至当下仍然在努力练习。我探索追究、检验测试，一旦取得好的成果，我就形成计划并付诸实践。我不断地练习，日复一日地练习。在过去的12年，我也深入学习了有关育儿和家庭的知识，现在还在继续学习。通过这本书，我会向你展示作为两个孩子的母亲，我所学到的一切东西，并将你我联系起来，将父母和父母联系起来。我采访过成百上千的人，问过成千上万的问题。我问的问题是所有父母共有的问题，得益于记者的身份，我可以得到准确、及时、有效的答案。我得到的许多答案是实际可行的，是可以改变生活的，包括你我的生活和孩子的生活。我的钻研已经改变了我和丈夫为人父母的方式。现在，我只是父母战队中真正的一员，是两个孩子的母亲。我把学到的东西应用到我的家庭中，进而改变了我们，在此我想要分享我的经历：成功的经历，失败的经历，最重要的是爱的经历。

亲爱的读者，请你记住，在读这本书的时候不要对你的育儿做法心生愧疚。在我看来,"妈妈式愧疚"或"父母的愧疚"这种说法不应该再出现。你已经在尽你所能,在育儿的旅程中,你有你自己的处境。所以请对自己温和一点。我亲爱的父母朋友,请记住,在这场旅行中,你也是一边学习,一边成长。也许你是第一次组建家庭,以前从来没有做过这类事情。也许你曾在失败中度过了几年甚至几十年,现在你正想方设法重新来过。我想说,"迟做总比不做好!"这本书也适用于爷爷奶奶、法定监护人,以及想要提高育儿技能的任何人。

无论你有着怎样的家庭背景或家庭结构,这本书都适用于你。为简便起见,在书中提到孩子或青少年的时候,我都用传统的代词"他"或"他们";提到父母的时候我用"你"或"你们"。我希望任何性别的人都能阅读这本书,并从中受益。不论你正处在育儿旅途的什么阶段,你的需求和需要才是最重要的。你家里的每一个人,不论是作为父母和孩子,还是个人和家庭,包括你自己,都有权利做最好的自己。

我就是其中之一,我总在一边学习,一边成长,努力成为我能成为的最好的父母。我学会了专注于创建我能创建的最好的家庭,而不是关注创建我认为的最完美的家庭。我把我作为父母、作为老师、作为记者学到的一切应用到我的家庭中,然后我看到了它们给我的家庭带来的好处。但是请你记住:对一个家庭有效的东西未必对另一个家庭也有效。没有一个家长或孩子是相同的。我再重复一遍:没有一个家长或孩子是相同的。还要重复一遍:没有一个家长或孩子是相同的!这本书的重点是提供适用于所有家庭的通则,所以在读的过程中请你思考,你所处的具体情景会怎样影响你的决策。

还有一个重要提示:我一直认为教育孩子要趁早,因为这样可以给他们奠定一个坚实的基础。事实上,这个基础也是这本书的立足点。本书中我给出的许多建议都是面向有年幼子女的家庭的,我打灵魂深处相信育儿开始得越早,结果越好。但育儿的基础性工作也可以用于有较大子女的家庭。读这本书的时候，如果你的孩子已经十二三岁了，你同样可以运用书中提供的原则。你可以随时改变你的育儿方式，随时改变你的视角，随时开始创建属于你的最好的家庭。

你比任何人都了解你的孩子，没有人可以比你更靠近他们，从来都没有！我相信只要父母在尽力而为，那就已经足够了。孩子可以感受到父母的努力和背后的爱。我想让父母在育儿方面觉得自信，就跟做生活中其他事情的时候一样。把孩子教育好是完全可能的，也是可以和平实现的。在此我并不是要代替你的位置，我只是把我所学到的知识，把于我而言有效的方式传递给你，你可以选取对你有用的部分，用它来巩固你的家庭，最后创造平静祥和的家庭环境，这正是我创立城堡法则的原因。

城堡法则概述

即使生活并不总是完美无缺，城堡法则却能让你对自己的育儿选择更加自信，能让你关注正确的育儿目标。在我的定义中，城堡是一个庇护所，是一座牢固的塔楼，是一块保护地，是一间很棒的房子，是一个美丽的栖身处，远离干扰与侵入。我用城堡（CASTLE）这个缩略语来比喻与孩子共同创造美好的生活，建立真正欣欣向荣的家庭。这里所提供的方法不是关于如何去实现你梦想中的完美生活的，而是关于构建对你和孩子都有效的城堡与体验的。世界上有无数宏伟壮观的城堡，但每一个城堡都与众不同。

现在请你设想你自己的城堡，设想你想提供给孩子的，有安全感，充满同情与爱意的城堡。这个城堡能让你的孩子奔向他们所梦想的成就，成为他们所梦想的人，要知道他们一直在成长。在他们开拓世界上属于自己的大路时，作为父母，你的责任是指导他们、帮助他们。

我的城堡远非完美——我们的城堡没有一个是完美的——但大

多数时候，这里都是一个欢乐的地方。我甚至在后院设计了一个真正意义上的秘密花园，在那里我们可以提醒自己在面对艰难时刻时，以同情为出发点，保持镇静。我们每个人都会遇到这样的艰难时刻。这本书记录了我在育儿过程中的挣扎与成功，记录了一些艰难的时刻和启发灵感的故事。我希望阅读这本书的任何父母都能开始在自己作为父母的角色中自怜自爱。当你能选择后退一步，能因为你作为父母付出的一切而去爱自己，能心平气和地接受你所做过的一切，我想这是世界上最美好的感觉。

但这本书不只是一本提供心灵鸡汤的读物，我创建城堡法则是为了给父母提供向导，提供育儿世界中无比清晰的蓝图。简言之，经过12年的学习，我明白了有些基础性的建筑砌块对孩子的成长和成才是至关重要的。本书的每一章节都会深入探讨不同的建筑砌块，每一个砌块用城堡（CASTLE）这个单词中的一个字母来表示：

- 同理心（compassion）
- 接纳（acceptance）
- 安全感（security）
- 信任（trust）
- 爱（love）
- 期望 + 教育（expectations+education）

同理心情排在第一位，是因为这是后面其他要素的基石。同理心是家庭成员之间互相交流的基础。作为父母，我们都想给孩子提供指导，在他们各自的生活中提供支持与帮助，但有时我们自己都会陷入困境，不知道该如何自助。我们可以学着拥有这样一种思维模式，即允许我们的孩子实现多样化的发展，理解他们是真正的尚在建设中的作品。在我看来，在关注慈悲式育儿的同时建立家庭的基石，这对我们父母，对孩子和家庭的形成都有着切实、深刻的影响。同情是我们所做的一切中最重要的部分，但人不是生来就具备一定程度的同情心，我们需要培养同情心，并学着向我们爱的人表达同情。这是有科学依据的（详情见第一章）。

在同理心之后，我依次讨论了接纳、安全感、信任、爱、期望和教育。除了我个人的经历之外，你还可以从本书中获取关于儿童成长、儿童教育及创新性育儿观念的最新研究成果。我采访过育儿领域的顶级专家，从教育家、医生、心理学家及普通父母那里收集了有效的做法和指导意见，他们提供了你可以学习的知识和经验。我还在每一小节中加入了"专家育儿建议"板块，提供快速简单的方式，让你在自己的城堡中应用你所学到的知识。

我想让你知道你也可以成为自己梦寐以求的专家型父母，这本书能让你在父母的角色中做最好的自己。所以，请坐下来，放松下来，去真正地理解我在本书中所说的基础性建筑砌块。我们懂得越多，育儿就变得愈加容易，放手让孩子做自己也变得更加容易。不论你面对的是在耍脾气的蹒跚学步的孩子，还是一次不愉快的经历，或是压力巨大的一天，我都希望你能想到"城堡法则"，然后调整你的育儿方式。

每天在你的家里应用城堡法则，这样做能让你对自己、对孩子都增加一份同情、平和与理解。把这本书放在外面，放在厨房的柜台上，放在家里或办公室的桌子上，让它时刻提醒你——你拥有构建梦想中的城堡与家庭的能力。天下的父母都想为孩子和家庭提供最好的一切，但人与人之间的差距就在于是否去付诸实践，把梦想变成现实。我相信所有父母都可以成为家里的育儿专家。《城堡法则》引领我前进，我相信它也可以引领你前进。去享受建造城堡的过程，享受育儿的旅程吧！去关注如何构建一个可以应对生活中种种挑战的家庭基石，要知道这些挑战正是构建家庭基石的重要部分，这个基石可以让你抵达你梦想中的城堡，构建你梦寐以求的家庭。

C.A.S.T.L.E.

第一章

同理心

让我们内心充满慈悲心——对自己怀有慈悲心,对众生怀有慈悲心。

——一行禅师

我来到儿子参加比赛的学校，观看四年级学生的篮球赛。已经迟到了（这要怪洛杉矶的交通），我匆匆寻找去体育馆的路，准备在杰克逊发现我错过了开场的跳球前就偷偷溜进去。如果你生活在我家，观看跳球可是很重要的事。在去体育馆的路上，我匆匆穿过两个停车场和几栋建筑物，跑得气喘吁吁、头发凌乱，然后正好路过学校的失物招领处。在那里，我看到了一些事情，它们一下子引起了我的注意。这些事和篮球赛没有一点关系，但和育儿十分相关，至少在我看来十分相关。

失物招领处是用一个很大的立体柜做成的，比我见过的最大的步入式立体柜还要大。门开着，里面有几个父母正从一大堆丢弃的夹克、运动衫、水瓶和午餐盒中匆匆翻找着，乱作一团。

一位恼怒的母亲用严厉的语气对女儿说："你最好把你的毛衣找到。我是不会给你再买的，今年冬天特别冷。"

另一位母亲开玩笑地冲我喊道："你也是来找水瓶的吗？"

我承认在匆匆跑过这里时我忍不住笑了，因为我也到过失物招领处，找过孩子们的水瓶和运动衫。

我突然想到：原来世界上的父母都在央求孩子们记得把水瓶和午餐盒带回家。我突然明白我不是唯一一个有这种感觉的父母：孩子们不听我话，常常忽略我，他们不在乎我给他们买新水瓶花的钱。但我本应该早点想到，有很多方法完全可以免掉父母的懊恼，因为我知道很多可以让我在这种特殊情况下改变教育孩子的方式的知识。为什么这么说？我从神经学家和教育家那里学到过很多关于孩子发育不完善的大脑和其执行功能的知识，这些知识能让我拥有一个更加慈悲的心态。

同理心对关系亲密、氛围欢乐的家庭来说是至关重要的基本原则。它有很多用处,其中最重要的一点是父母不仅要对孩子怀有同情,还要对自己也怀有同情。我在写下这些文字的时候,就在践行对自己的同情。这本书花了我好几年的心血,事实上,我已经修改过好几版了。但我可以很自信地说,现在它已经无可挑剔了。对向你所提的这些建议,我是非常认真的。亲爱的读者,你要知道,我对你也是怀有同情的。我知道为人父母有多艰难,有多耗人心血,但我也知道它有多美好,有多发人深省。依我之见,同理心是为人父母的起点,也是归宿。但要怀有同情并不容易,慈悲的能力是一项不断提高的能力,并且会一直不断提高。请鼓起勇气吧。真正践行同情可以提高生命的境界,实际上,还可以改变生活。

同情的价值与力量

曼德拉曾经说过:"人类的慈悲心把我们彼此联结到一起——不是以怜悯或高人一等的姿态联结到一起,而是同样生而为人,我们知道如何把我们共同的苦难变成未来的希望。"[1] 怀有同情可以让人受益良多,这似乎是尽人皆知的常识,但连医生、护士都经常忘记它的重要性。

"医学院的训练很重视知识的获取——却很少注重对同情的教导。患者都在抱怨医学界缺乏对同情的关注,根据一项调查,只有53%的患者表示受到过慈悲的照顾。"[2] 儿童尤其容易受到影响:美国卫生与公共服务部(US Department of Health and Human Services)表示转送过660万受到虐待的儿童[3]。世界卫生组织(the World Health Organization)提出了3个虐待儿童的危险因素:(1)不满4岁的儿童;(2)被父母抛弃或未达到父母预期的儿童;(3)有特殊需要的儿童。

母亲生病多年来我一直在做陪护,因此我亲眼看到了同情心在医学领域所起的重要作用。只要医生、护士或医务助理向我们表示出同情，我们——母亲和所有的家人——就会感受到希望。但是如果他们没有丝毫的同情，情况就糟糕至极。这会让母亲在精神上、心灵上都受到伤害。同情可以定义为"一种对自己和他人身上痛苦的感知，并且决心要努力减轻或阻止这种痛苦"。[4]关于这个定义，儿童心理学家詹姆斯·N.科尔比（James N. Kirby）指出："请注意，去阻止痛苦对慈悲的动机是很重要的。"[5]理解同情心的这一有效元素可以让父母在应对复杂的情况时依然能守住慈悲心。

所以我们如何营造更加慈悲的家庭氛围呢？我们为人父母如何能做到更加开明呢？如何更好地理解我们的孩子呢？和育儿的很多方面一样，我们首先要学会对自己怀有同情。

培养慈悲的心态

后面几节的内容旨在让你确立正确的心态，首先要对自己怀有慈悲心，不管是作为父母，作为个人，还是作为你在生活中扮演的其他身份。一旦你有了这样的心态，就可以进一步培养对孩子的慈悲心，并向他们表达你的慈悲。在此我们首先谈一下正念和感恩是如何与发现及感知自我同情相联系的。

正念与冥想

在过去3年里每一个无比匆忙的早上，我们全家人都要按下暂停键，确认一下我们的心理健康状态。我们把这一活动称为"凡·奥尔登（Van Alden）祷告"。后面我将做进一步的解释。

大多数情况下，杰克逊和亚瑟都可以按时出门，准时上车，按时到校，但有的早晨却不像我们所喜欢的这般轻松愉快。所以在有些时候，我们必须按下倒退键，重新开始。现在，让我们倒回到2018年六七月份。

在一个周一的早上，大约7点10分的样子，我们出门已经晚了

10分钟了,但两个孩子却依然在为袜子吵架。是的,就为了袜子!他们俩有好几十双袜子,但今天他们都要穿蓝色的袜子来配学校的运动服。杰克逊抢先一把抓住了那双袜子,为此他们两人都在大吼大叫。此刻,周一早上固有的混乱上升到了另一个层面。

我赶紧去找另一双同样漂亮的蓝色袜子,杰克逊甚至在帮我找。我的丈夫安德鲁找到了好几双其他的蓝色袜子,但亚瑟都不要。过了一会儿,亚瑟非要穿安德鲁前一天穿过的一双蓝色袜子。

非要穿这双吗?我在心里想着。但我深吸了一口气,说:"好吧,你想穿就穿吧,反正是你的脚。"

但让那天早上一团混乱的不只有袜子,还有火急火燎地出门赶车,唠里唠叨地让他们吃饱……你肯定知道我在说什么。到最后我恼羞成怒,孩子们也一肚子火。他们将以负面的方式开始自己的一天,心情郁闷,焦虑疲惫。

这样的早晨只会让人觉得焦虑暴躁,在经历了几个像这样艰难的早晨之后,我决定必须做出改变。至于怎样去改变,我很快想到了日常我内心能找到宁静的地方……那就是去正念冥想。

就是在这时我决定我需要去真正践行正念与冥想。首先是为了我自己,其次是为了孩子,也为了能与孩子一起践行正念与冥想。当我找到了每天冥想的方式后,我内心对自己、对丈夫、对孩子充满了慈悲与同情。当然并不只有我才有这样的感觉。研究表明在生活中进行正念冥想——哪怕是非宗教性的、简单的正念和冥想——都对你和你的孩子有好处。

正念和冥想的定义有很多种,但为了方便我们理解,在此我借用约书亚·舒尔茨(Joshua Schultz)博士的定义,他把正念描述成一种"品质",把冥想描述成一种"行为"。如果"冥想是一种行为",他说,那"通过这种行为,一个人可以获得不同的品质,其中就包括正念"。[6]

正念冥想法已被一些创新性的学校引入,用来抑制学生的不良行为，缓解压力，处理教室里的其他困境。巴尔的摩（Baltimore）市的罗伯特·W. 科尔曼小学（Robert W. Coleman Elementary）已经摒弃了课后留校的惩罚方式，代之以冥想法。老师把孩子们打发到所谓的"正念屋"，以下是具体的做法：一个孩子表现不好，这是为什么？背后有许多潜在的原因，缺乏睡眠、营养不良、来自家里的压力，或是缺乏自我调节能力——不管是什么原因，现在孩子只用去做正念冥想，而不用被留校。进了正念屋的孩子只用在里面呼吸一会儿，然后就获得了重新来过的机会。其次，正念冥想并不仅限于问题学生。每天在上课前和放学后，所有学生要花 15 分钟时间参加全校范围的冥想课程。

　　自从引入这一做法之后，学校的转学率急剧下降，退学率直接变成了零。在一次 CNN 的采访中，一名罗伯特·W. 科尔曼小学的学生曾因打架被老师逐出了教室，他说自己在正念屋待了一会儿，"做了几次深呼吸，吃了点零食，然后就振作起来了"，出来后回到了教室，向班里同学道了歉。[7] 这是一件多么美好的礼物，可以让我们用新的方式看待自己。

　　有证据表明，孩子只需要六七分钟即可转移注意力，恢复平静，消除持续存在的负面情绪和挫败感。加州大学洛杉矶分校正念认知研究中心（UCLA's Mindful Awareness Research Center）表示："研究表明，正念冥想可以给心理健康的不同方面带来积极影响，例如有助于缓解焦虑、抑郁、思维反刍和情绪性反应。研究还表明正念冥想有助于增加幸福感，带来积极影响，提高专注度。"[8]

　　经历过宗教教育或灵修实践的孩子有大量机会去践行冥想，特别是以祷告的形式，既可以在家庭内部祷告，也可以与灵修团体一起祷告。除了可以得到祷告和冥想的直接好处外，研究还表明，经历过宗教教育或灵修实践的孩子在长大之后，能拥有更好的体质、更健康的心理。2018 年，《美国流行病学期刊》（American Journal of Epidemiology）发表了一项哈佛大学的研究，该研究也支持上述观点。[9]最重要的是，这项研究表明关键的不是人们参加宗教活动的程度，而是人们独自祷告或冥想的频次。每天祷告或冥想的人能更好地处理自己的情绪，在生活中获得更高的满足感。[10]

现在我们回到"凡·奥尔登祷告"的话题。每天早上去学校的路上，我们都要沿着凡·奥尔登大道行驶大约8分钟。在这8分钟里，我们会经过长有美丽橡树的社区，路过大片的绿植，遇到春天里绽放的花朵，当然还会路过一个高尔夫球场。车外处处是自然美景。这段路上几乎没有停车标志，车流畅通无阻。在大部分路段上，你都听不到汽车鸣笛的声音，看不到从山上飞驰而下的车子。人们在这条路上遛着可爱的小狗，一群妈妈在组团徒步登山。这时我们会关掉收音机，除了放在仪表盘上的手机，车里再没有其他电子设备。最重要的是这段路程是我们祷告的最佳时间，这是我们家正念冥想的形式之一。

具体是怎样做的呢？我们首先要念三段祷文，之后我们每个人会分享自己的祷文。有些时候我们会祈求拥有我们所需要的东西。你可以想象孩子们怎样祈求在即将来临的考试中取得好成绩，或为了放学之后的一场比赛而祷告。我们也会分享我们的感恩，谈论我们所感激的一切。

有时候我会用自己的祷告向他们展示怎样祈求他们最需要的东西。身为妈妈，我最需要的就是耐心。我一般会这样说："请让我拥有一个好妈妈、好妻子、好朋友应该具备的耐心。在我对凡事做出回应之前，在我对自己的言行感到后悔之前，请让我停下来，深呼吸。"通过这种方式，我可以分享自己的祷文，他们也可以学到祈祷和正念冥想的方式。就这样，一周5次，上学期间从不间断。等孩子们稍大点之后，在许多个晚上，我们都通过祷告的方式练习冥想。每次五六分钟——就是这样。

作为一个天主教家庭，我们也会定期参加弥撒，这让我们有机会通过祷告会和教会团体修习正念。根据哈佛大学的研究，每周至少参加一次宗教仪式的孩子或青少年，和那些从不参加宗教活动的人相比，有18%的人在二十几岁的时候可能更快乐一些。更有意思的是，这些参加宗教仪式的人参与志愿工作的可能性比其他人高30%，吸毒的可能性比其他人低30%。最后一组数据对我们的育儿有重要意义，可以作为帮助孩子远离毒品的教育依据。此外，参加宗教活动的人过早发生性行为、染上性传播疾病的可能性更低。

在一项采访中，这份研究报告的作者陈英（Ying Chen）表示："这些结论对我们理解健康、理解我们的育儿方式非常重要。"她说，"许多孩子都经历过宗教教育，我们的研究表明这会对他们的健康行为、心理健康和整体的幸福感产生重大影响。"[11]

要得到这些好处，请你思考自己的精神或宗教背景，决定你要怎样把祷告、冥想和其他的正念修习行为融入你的家庭里。

专家育儿建议：正念冥想

● 祷告！给你的祷告起个名字，比如我们的祷告叫"凡·奥尔登祷告"。

● 找一个安静的地方休息片刻，什么都不做，只是呼吸，听自己的呼吸声。

● 每天修习正念觉知：做饭的时候，听音乐的时候，做任何事的时候。比如我喜欢在花园里浇水，在我给花和其他植物浇水的时候，我只关注水的声音，关注打湿的植物，关注正在歌唱的鸟儿，关注从我背上拂过的微风，关注阳光的温度。

如果你想教孩子冥想，这里有我专为孩子设计的两个10分钟的冥想方案。

云朵冥想法 [何淑娴博士（Dr. Judy Ho）]

2012年在我采访何淑娴博士的时候，她曾带我做过一次这样的冥想[12]。"不要让一些糟糕的想法变成现实，"她当时这样说，"让你的想法自然地产生，让它们从你的脑海中随意进出，就像云朵在天空中自由移动一样。"

- 闭上眼睛，保持放松的姿势。
- 吸气、呼气三到四次。
- 用心灵的眼睛去看天空，你会看到各种颜色的云朵，它们在随意地飘来飘去。
- 继续保持呼吸，专注于云朵的形象。
- 你现在在想什么？你在想过去犯下的一次错误吗？还是在想今天你必须要做的事情？无论你在想什么都是可以的。
- 只是去关注你的想法，但不要分析这些想法，也不要试图解决什么问题。
- 现在把你的想法放到云朵上。把你脑海里出现的第一个想法放到第一朵云上，把第二个想法放到第二朵云上，把第三个想法放到第三朵云上，以此类推。
- 云朵飘走的时候，你的想法也跟着飘走了。它们从一边飘到了另一边，不要试图去抓住它们——你是抓不住它们的——所以让它们随意地在天空中飘去吧。
- 一个想法离开的时候，你没必要去追随。让它走吧，这样才能让你继续下去。
- 每次你不喜欢的想法出现的时候，就想象让它随着云朵飘走。请记住你本人不能代表你的想法，你的想法也与你无关，你能控制你的想法，它们就像天上的云。
- 现在从天空中回来，回到你的呼吸上面。

- 只是去呼吸，关注你的呼吸。
- 吸气、呼气三到四次。
- 让自己的心回到房间，平静地接受藏在云朵里的想法。[13]

漫步修习法 [马克·伯廷（Mark Bertin）][14]

我喜欢让好动的孩子参加这个活动！

- 首先，以自然的速度漫步。在走每一步的时候，关注双脚的抬起与落下，关注你腿部的移动，以及身体其他部位的移动。关注你身体从一边到另一边的摆动。
- 现在，把你的注意力转移到声音上，停留片刻。
- 把你的意识转移到嗅觉上。
- 再把你的注意力转移到视觉上。
- 就这样关注你周围的一切。
- 最后，回来关注漫步时身体的感觉。再次关注你的双脚触碰大地的感觉，再次关注每迈出一步时你身体的动作。[15]

感恩的态度

积极心理学领域的先驱人物马丁·塞利格曼（Martin Seligman）曾说："当我们花时间去关注进展顺利的事情时——这意味着我们能从这一天当中得到许多回报。"[16] 这听起来是过好每一天的很有意思的一种方式，难道不是吗？当我在日常生活中关注这条准则的时候，我越来越清楚地看到，作为母亲，感恩是我可以给予自己、给予孩子的礼物，感恩能让我们更接近慈悲的心态。

亚伯拉罕-希克斯（Abraham-Hicks）也曾说过类似的话："你总会一切顺利。"[17] 我把这句话打印出来贴在了我的桌子上，还给我的丈夫也打印了一份，让他也贴在桌子上，我还把这句名言挂到了孩子们卧室的门上。你可以看得出来——我是真的喜欢这句话！

我每天用正面肯定的方法来培养我的感恩心，以下是一些具体的例子：

● 凡·奥尔登祷告是我一天中关注感恩心的开始。

● 我爱看喷泉上空飞翔的鸟儿。

● 我爱看花园里的花儿。

● 我对孩子们的老师心存感激。

● 我很感激能看他们打棒球，打高尔夫球。

● 哇，我收到了那封期盼已久的邮件。是的，我的一切事情都很顺利。

● 哇，一位朋友给我发了条暖心的短信："我正在想你，我爱你，亲爱的朋友。"我很感激我的朋友。

● 我很感激能得到孩子们的拥抱，看到孩子们的微笑。

● 我很感激能写这本书，这是我毕生的事业。

● 我很感激丈夫能哄孩子们上床睡觉。

你明白怎样去做了吗？就这样一直做下去。只要你继续做下去，就会觉得越来越容易。我不是要在我的生活中绘制一幅"波丽安娜（Pollyanna）"图 [本书第六章将会详细介绍波丽安娜效应（Pollyanna Principle）]，事实是当你关注感恩的时候，你会看到生活给予了你多少，会看到生活可以有多有趣。感恩之心可以决定你看待世界、看待周围人的方式。

科学研究表明，正面肯定可以给我们带来益处。但心理学家凯瑟琳·摩尔（Catherine Moore）表示："正面肯定需要定期地练习，这样才能对你的思考方式及感知方式产生持久的、长期的影响。好在正面肯定的练习和普及是建立在普遍认可的、成熟的心理学理论之上的。"[18]

感激之情对大脑会产生什么影响？教育心理学家科里·D. 米勒

（Kori D. Miller）表示："每次人在表达或接收感激之情的时候，大脑就会释放多巴胺（dopamine）。多巴胺是一种神经传递介质，主要在大脑的两个区域产生：黑质区和腹侧被盖区。黑质区控制着我们的动作与语言，腹侧被盖区则主要与回报性行为相关。当一个人表达或收到感激之情时，大脑就会释放多巴胺，这样就会在行为和良好的感觉之间建立联系。一个人践行感恩的次数越多，大脑释放多巴胺的频率就会更高。"[19]

下面我们讨论怎样教孩子学会感恩。如果你通过践行感恩有了这样的感觉，想象一下它对你的孩子会有什么影响。2017年，在我给哈佛大学"让关爱更普遍"项目（Harvard's Making Caring Common Project）写一篇文章的时候，曾有幸采访了哈佛大学教育研究生院的米莱娜·巴塔诺娃博士（Dr. Milena Batanova）。[20]以下是我从她身上学到的东西：

"感恩是一种深刻的道德情绪"，巴塔诺娃博士告诉我，"感激自己所拥有的东西，这自然能帮我们看到其他人所缺乏的东西。我们从研究中得出感恩之心和幸福感之间有很大的联系。感恩之心也有助于我们进行积极的思考，有助于我们在生活中看到积极的事、积极的人。"换言之，进行感恩实践会让我们自己感觉良好，也会让别人感觉良好，让所有相关的人受益。

我们可以通过三种简单的方式开始感恩实践。首先，节假日是在家里开始感恩实践的绝佳时机。感恩是各类节日的主题。不管我们是在感恩节表达谢意，还是在圣诞节选择去帮助有需要的人，感恩之心都是最好的礼物。但我们如何常年持续表达感激之情呢？答案就是践行，不断地践行。每天都践行感恩——这是第二种方法。第三，要把践行感恩的做法推广到家庭以外。

在很多层面，巴塔诺娃博士说过："感激之情是一种表达谦逊的方式，是展示最基本的自我意识的方式。真正去感激别人，感激他们的付出，哪怕是再小的付出，感激别人为我们做过的美好的事情。

表达感激也与表达共情力有关，表示你很关心他人，尤其在他人身处困境的时候。所有的这些都是相互联系的，需要练习和反思的。"

专家育儿建议：收获感恩

● 感谢孩子们主动做家务，通过这种方式向孩子示范怎样表达感激之情。

● 每天早上或放学后，问问你的孩子他们感激什么。要具体一些：学校里有人为他们做了什么好事吗？学校里有谁对他们微笑了吗？

● 吃晚饭的时候，依次让每个人表达类似这样的正面肯定："我很庆幸有你这样的哥哥""我很喜欢你做的这顿饭""我很感激你能洗碗""我喜欢我们的狗安静地等着吃剩饭的样子"，诸如此类。

● 给彼此写感谢信，或给一个家人写感谢信。还可以给校车司机、校门守卫、老师、朋友或你孩子感激的其他人写感谢信。

● 节假日的时候，要突出强调你们家人都喜欢的传统。

● 写感恩日记，哪怕每天只写一个句子或一个词，都会产生很大的影响。

● 去关注解决方案，而不是关注问题；关注在你控制之内的事情，而不是关注你无法控制的事情。

● 如果这些都行不通，请你记住对家人的爱，你应该为此而感激。

练习如何宽恕别人

如果要我完全对自己说实话，对你也说实话（到目前为止我一直是这样做的，以后还会继续这样做），那我要说，我和丈夫的婚后生活并不总是浪漫的,虽然在我们互相说"我愿意"的那天,我们觉得我们的婚姻生活会一直浪漫下去。没有什么能让你为漫长、曲折、凌乱、恼人、疯狂的婚姻之路做好十足的准备。完全没有!

那在步入婚姻生活之前,我们的爱情故事是怎样开始的呢?我和丈夫是大学时的恋人,分分合合,走走停停。后来我们彻底分开了,在最终回到彼此身边结为夫妻之前,我们有5年的时间没有相互说过话。1999年,我们约会了半年,之后就订婚了,6个月之后举办了婚礼。现在安德鲁和我结婚已有20年了。不可思议吧!每年的9月2日,或接近9月2日的时候,我们都会在圣塔莫尼卡(Santa Monica)的卡萨德尔玛酒店(Casa Del Mar)庆祝结婚纪念日。命运呵命运!

现在,我们的"蜜月"期已经过去很久了。对其他夫妻来说一切都已经不同了,但对我们而言,孩子小的时候一切都还算顺利。现在孩子们逐渐长大了,我们的花销也同样增多了。你要是已经结婚了,你肯定知道婚姻道路上的某些曲折是在所难免的。结婚的时候,我们想着那5年分开的时间让我们都成为成熟的人、成熟的伴侣。在某种程度上来说的确如此。但是在经过艰难的努力后(包括凝血障碍和数次流产的经历),我们终于为人父母。这完全改变了我们的相处方式——改变了一切。当了父母之后,我们面临的压力源和期待都变了,生活不再仅仅是我们两个人的了。

你是不是听起来感同身受?除了事业和育儿的压力,争吵、误解以及没有真正的和解都成了在所难免的事。真的是一种折磨。为了我们个人的幸福,也为了孩子们的幸福,我们必须学会怎样更轻易地宽恕别人。我知道作为妈妈,我要给孩子们示范怎样以更健康的方式去宽恕别人。作为妻子,我要更加有意识地去宽恕我的丈夫,我生活中的伴侣。

宽恕是一种技能。当你学会如何更自由、更多地去宽恕别人的时候,生活会变得更好,会变好很多。所以如何以对自己、对孩子、对家人最好的方式去宽恕自己，宽恕伴侣，宽恕其他人呢？我很喜欢用马丁·路德·金（Martin Luther King）的这句名言作为指南："宽恕不是偶然的行为，而是永恒的态度。"所以如何做到宽恕呢？

莫琳·希利（Maureen Healy）是备受热捧的演讲家、教育家，是儿童情绪健康领域的专家。希利在《今日心理学》（Psychology Today）杂志的一篇文章中写道："我发现那些教孩子怎样去'真正宽恕别人'的父母，他们在助力孩子成功，为孩子构造了力量和自爱的基础。"[21] 至于如何做到真正的宽恕，她列出了以下5个简单步骤：

1. 承认：承认所发生的事情。
2. 体验：体验你的感情。
3. 交流：表达你想要宽恕。
4. 宽恕：说出你不想再承受这样的愤怒（或是沮丧、内疚、愤恨）。
5. 释怀：放下它，把你的愤怒交给伟大的灵魂（万物之源、大自然、宇宙）。

希利还说："每一步都要用心去感受，但要按顺序去实践，这样才能让孩子学会真正宽恕另一个孩子（父母、姐妹或朋友），从而把他们的情绪体从未曾释怀的悲哀、痛苦、伤心或受伤中解放出来。"[22]

我还要给这5步加上更简单的一步，这一步是我从杰克逊身上学来的，我写这本书的时候他才12岁。他告诉我他觉得第5步之后应该跟的是"哈哈大笑"，我很喜欢他的这一步。

现在我们要把这种实践推广到更大的范围，先让我们回到本章的开头，当我们心里有爱、生活如意时，要去宽恕和忘记是很容易的。但是作为父母——生活中的种种不如意都悄悄爬进了我们的内心——如果我们怀有一颗不愿意宽恕别人的心，要想想这会对我们的孩子产生什么影响。我们从研究中得知，人都是通过观察别人来学习的。[23] 想一想20世纪60年代著名的波波玩偶实验（Bobo doll experiments）。研究者发现孩子会模仿大人对待玩偶的方式。比如目睹了大人暴力对待玩偶的孩子也会变得富有攻击性,而那些看到大人温和对待玩偶的孩子则会模仿这种善意。[24] 我们给孩子起到了什么样的示范作用,这对他们会如何去培养宽恕这项生活技能是至关重要的。

现在我们来看看心理学家及正念老师杰克·康菲尔德博士(Dr. Jack Kornfield)给出的方法。杰克·康菲尔德博士是马萨诸塞州顿悟冥想协会(Massachusetts Insight Meditation Society)和加州灵岩冥想中心(California Spirit Rock Meditation Center)的创始人。基于他在这方面的经验,康菲尔德提供了宽恕冥想法:找个舒服的姿势坐下,闭上眼睛,让你的呼吸自然轻松,让你的身心放松。接下来,用他的话说:

> 让你的心脏区域轻轻地呼吸,去感受你搭建的屏障,感受你因为没有宽恕——没有宽恕你自己,没有宽恕别人——而背负的情绪。去感受让心门紧闭的痛苦。然后,轻轻呼吸,开始请求并给予宽恕,同时背诵以下句子,在你重复这些句子的同时要让你内心出现的形象和感觉不断深化……"我在很多方面受到过别人的伤害、虐待、抛弃,是有意地或无意地,在思想上、言语上或行为上受到了伤害。"这时要去想象和回忆别人伤害你的方方面面。去感受你从这种过去的伤害中承受的悲伤,去感受如果你的心做好了准备,你就可以进行宽恕,从而让你的心从这种痛苦的重负中解放出来。然后对自己说:"现在,我想起了别人伤害我的很多方面,或是出于恐惧、痛苦,或是出于困惑、愤怒。我在心里承受了太久的这种痛苦,现在我准备好了,我要向他们给予宽恕。对于那些伤害过我的人,我要给予你们宽恕,我原谅了你们。"[25]

在这里,我提供了两种练习宽恕的不同方法,以便你有更多选择的余地,去创建适合你的家庭的方式,创建符合你具体情况的方式。这正是需要我们付诸行动的地方,是要我们成为孩子的领袖、成为他们的楷模的地方。找到对我们有效的宽恕方式对家人的健康和幸福都非常重要,我们一定要主动去寻找。

专家育儿建议:宽恕的力量

有时受伤、痛苦、愤怒的感觉会让宽恕的想法看起来不公平、不公正,甚至成为不可能。正是出于这样的缘故,我在这里列出了一些关于宽恕的名言,有的是诗人写的,有的是哲学家写的,有的是世界领袖写的,他们就宽恕的意义是什么以及宽恕为什么这么重要发表了自己的想法。我希望下列名言中,有一句或几句能引起你的共鸣。

● "宽恕不会改变过去,但会拓宽未来。"——保罗·布斯(Paul Boose)

● "如果你不能同时做到宽恕和忘记,那就二选一。"——罗伯特·布劳特(Robert Brault)

● "宽恕朋友难于宽恕敌人。"——威廉·布莱克(William Blake)

● "总是宽恕你的敌人——没有什么比这让他们更恼火的了。"——奥斯卡·王尔德(Oscar Wilde)

● "我们在书中读到应该去宽恕敌人,但我们却没有读到也应该去宽恕朋友。"——弗朗西斯·培根爵士(Sir Francis Bacon)

● "真正的宽恕是当你能说出'我很感谢那段经历'的时候。"——奥普拉·温弗瑞(Oprah Winfrey)

● "人不知而不愠,不亦君子乎?"——孔子

● "怨恨别人就好比你喝下毒药,却希望它能杀死你

的敌人。"——纳尔逊·曼德拉（Nelson Mandela）

● "弱者从不会宽恕，宽恕是强者的特质。"——圣雄甘地（Mahatma Gandhi）

● "宽恕是我们治愈世界最重要的贡献。"——玛丽安娜·威廉森（Marianne Williamson）

● "仁慈之树总比严刑律法更硕果累累。"——亚伯拉罕·林肯（Abraham Lincoln）

● "人皆犯错，宽恕是德。"——亚历山大·蒲柏（Alexander Pope）

深入共情
自然灾害

四年级，亚瑟·邦宁

世界各地的袭击摧毁了眼前的一切

森林大火、飓风、地震、洪灾和海啸

重建这一切

需要数年甚至数十年，却依然建不出原来的模样

遍布整个城市

猛烈的袭击来了三番五次

没有什么可以阻挡得了

锤击和碎裂穿透了每一栋建筑

卷走了曾经属于你的一切

巨大的损失和艰难的时刻

但有些东西并没有离开

从痛苦中走出来，去拯救有意义的一切

对你依然拥有的东西心存感激

为你依然可以做任何事情而自豪

> 好的心态能让你实现一切
>
> 守护你最亲近的东西，继续前行
>
> 随时准备好另一场灾难的降临
>
> 忘记过去，心怀未来
>
> 新的开始代表着无限可能
>
> 努力让你的社区变得更加美好

这首诗是我儿子亚瑟 10 岁时写的，2019 年在"诗人的庆典（A Celebration of Poets）"中发表。我觉得这首诗很适合用来引出本节内容，希望这首诗在某种程度上也对你有所触动。

2020 年是不平凡的一年，是你我在这个世界未曾经历过的一年。2020 年就像一场灾难性的海啸，这场灾难以迅雷不及掩耳之势降临到了我们身上。3 月中旬，世界上的所有父母被迫转变为在疫情下育儿。降临在我们身上的这一切让人摸不着头脑。孩子们的学校关了，我们必须居家办公，在家教孩子。什么？是的，我们现在成了孩子的老师。我们还要担心自己的父母，挂念他们的健康。我们被封控了，不知道接下来会发生什么。我们很担心自己的生命安全，担心孩子的生命安全。这一切在短短的 3 月份的最后两周里发生了。这场灾难击中了我们每一个人，我们不知道前路何在。

关于如何应对这场降临在我们身上的灾难，我采访了数十位来自全国各地的父母。有一位妈妈说她好几个月没让孩子出过房子，在没有接种疫苗之前她不让孩子返回学校。我采访的另外一家人说他们允许孩子参加团队运动，尽管当时健康专家给出的建议与之正好相反。还有一家人，父母在关于如何应对疫情方面持完全相反的观点，其中一方觉得孩子们可以去看他们的爷爷奶奶，而另一方却觉得绝对不行！这是一场不同于以往的灾难，父母都在设法弄清楚他们到底要怎样做才能让家人成功渡过这一关。

后来又有一件不容忽视的事紧随疫情发生了：那就是乔治·弗

洛伊德（George Floyd）被残忍谋杀。弗洛伊德的死把美国的种族主义问题推到了公众意识的前沿。公众的抗议为我们的生活增加了更多的不确定性。作为一个母亲，我的想法是这个事件是我们的复位键，我们都有太多事情要做。

这两个事情结合到一起让我们的生活变得更加混乱，从很多方面给我们每一个人带来了挑战。所以出现了很多问题：我们一家人如何渡过这一难关？我们如何去适应？我们需要去改变什么？将来会是什么样？这些问题似乎都不容易回答。

除了提供了很好的冥想建议外，何淑娴博士还给出了关于如何让孩子应对这类突发性灾难的有效方法。在疫情期间，2020年10月份的时候，我再次采访了何淑娴博士。我们两人都处于封控之中，所以无法见面，但我们可以通过电话交谈。她当时说这些灾难可以映照一个孩子的成长："有时候孩子们本来做得很好，但是可能因为各种突发的灾难；或因为生活中的压力，比如来自学校或同学的压力；或因为某一阶段自我认同的发展；或因为出现了他们感到无法控制的外力，所有的事情一下子超出了他们的控制。世界上有很多我们无法控制的事情。"

我们的孩子和家人未来一定还会遇到各类这样的灾难，那作为父母我们可以做什么呢？何淑娴博士的建议是投入同理心。"当人们感到压力大、不堪重负的时候，最不想做的事就是去帮助别人，"她说，"但是我们恰恰必须要这样做……当一个人可以把自己的生活重新定位到个人以外，调整到他所信仰的事业上时——也可能是给一位需要被倾听的朋友打个电话这样简单的事情——他本人的绝望就会立刻烟消云散，因为他看到了自己生命的价值。"

2020年的生活是以下这条永恒真理的一个例证：在我们每天的生活中，意外总会不断出现，即使你准备得再充分，想得再清楚。作为父母，我们必须认识到世界上再美好的规划都冲不过哪怕30英尺高的风浪，更不用说像夏威夷欧胡岛（Oahu）上那样的空心浪了。

如果你不是可以应对这些危险风浪的职业冲浪手，那你怎么办？是的，冲不过你可以躲过。但在现实生活中，事情并非这么简单。然而，如果能从同理心出发，我们还是可以很好地驾驭生活中的风浪的。

《牛津参考大词典》（The Oxford Reference dictionary）中对同理心的定义是"一种可以想象或理解别人的想法、观点或情绪的能力"。[26] 有意思的是，密歇根大学（Michigan University）的一项研究表明现在的年轻人比以往任何时候都缺乏同理心。在过去30年间，美国大学生在"同情关怀方面的能力下降了48%，在理解别人观点方面的能力下降了34%"。[27] 我们需要传授、示范同理心，不仅是为了应对日常的生活，也为了应对某日突然出现的灾难和风暴。所以，从同理心出发，去感受你的感觉，并给自己留出时间处理这些感觉。任何感觉都是可以的。

何淑娴博士给出的另一种应对危机的方法是"认识到问题或压力源，关注眼前的问题。想想你所面临的问题，一天解决一个。你可能没办法一下子养成这样的习惯，就一次只挑一个问题来解决，以此给孩子做好示范"。[28]

对整个人类来说，面对未知是一件很难的事情，更别说让一个孩子去面对未知了。应对这类失控情形的第三种方法是从你可以控制的事情开始。你可以问自己"我可以做什么？我可以控制什么？我可以改变什么？"。何淑娴博士给我介绍了她所谓的"问题解决法"，这是一种基于认知行为治疗的方法，可以用来帮你解决当下最关键的问题：设定一个计时器，给自己几分钟时间，很快地想出当下你可以改进的事情。首先可以做什么？其次可以做什么？

第四种应对危机的方法和战斗逃跑僵住反应（Fight-Flight-Freeze Response）有关。我们经常谈到战斗和逃跑，但不怎么谈到僵住。"僵住"反应指的是你觉得不堪重负，因而无法做任何事情的一种反应。你会觉得很无助。何淑娴博士解释说这种说法就类似于"我想我只能等这种感觉过去"，就好像人们处于僵化模式时，除了自己的痛苦，别的什么都想不起。她的建议是不要告诉自己"我现在什么都做不了"，你必须改变这种想法，尤其是在灾难还在持续发生的情况下。想出一件你今天所能做的事，去照顾好自己或改善自己的处境。解决这些问题的时候，要一个一个来。何淑娴博士说："当你的思想集中在过去或未来的事情上时，就会出现焦虑。如果你只关注当下，就能更好地处理事情。去想想正念和冥想，去关注自己的想法，从而按下复位键，一切从头开始。"

请记住当你在学着驾驭这些风浪时，不管是在应对那些极不寻常、势不可当的情况，还是在应对普通的、日常的压力时，你的孩子都会从你身上学习，并仿照你的做法。

了解孩子的大脑

在介绍更多相关研究之前，我们先回到同理心的话题。真正的同理心需要理解别人。你会觉得对自己有同理心比较容易，那是因为你了解自己。但你的孩子就是另一回事了。要真正对他们有同理心，你就要从身体上、心理上、精神上了解他们，而这是需要研究的。在本节内容中，我会介绍一些相关的研究来帮你了解你孩子的大脑。你越了解孩子是怎样思考的，当第四个（甚至第六个）水瓶丢了的时候，你就越容易对他们有同理心。

在杰克逊和亚瑟还在蹒跚学步的时候，我就已经开始采访全国各地知名的育儿专家了。在那期间，我做过的最重要的一次采访，也是真正让我深受启发的采访，是对加州大学洛杉矶分校脑损伤研究中心（Brain Injury Research Center）教育计划负责人真由美·普林斯博士（Dr. Mayumi Prins）的采访。[29] 我那期采访的目的本来是探讨如何保护我们的孩子免受运动脑震荡，但等我把能想到的有关脑震荡的问题问了个遍之后，我请求她再给我一点时间，跟我讲讲青春期的大脑。作为父母，我们总是听到情绪、危险行为、反抗之类的词语——糟糕的是，我们也曾是从青少年时期过来的，我们也有自己的故事。我很庆幸在我还是青少年的时候，世界上还没有出现社交媒体。但我想要学习如何去教育我那可爱的尚在蹒跚学步的孩子，他们最终会进入我们这么多人都害怕面对的青春期。我发现一次引导性的讨论可以帮我更从容地面对他们的青春期。

让我们先来探讨一下青春期前期。你还记得我看见的那个父母都在当中匆匆翻找丢失物品的失物招领柜吗？就是那个凌乱不堪、杂乱无章的失物招领柜。那种混乱背后的原因到底是什么？在这些正处于青春期前期的孩子的大脑中，让他们总记不住自己的家庭作业、水瓶和午餐盒的到底是什么？答案是执行功能——或者在有些情况下，又叫机能障碍。

执行功能和自我调节能力能让我们做出规划，集中注意力，记住来自他人的指令，同时处理多项任务。哈佛儿童发展学院（Harvard School on the Developing Child）的网站上写着这样的话：

> 在大脑中，有一种能力让我们的大脑同时处理大量信息、集中注意力、过滤干扰、及时转换思维模式，从而使我们的大脑就像一个拥有高效空中交通管控系统的机场，可以顺利安排多条跑道上数十架飞机的到达和起飞。科学家把这些能力称为执行功能和自我调节能力——执行功能和自我调节技能依赖于三大类大脑功能：工作记忆、精神灵活性以及自控力。孩子并不是生来就具备这些能力——但他们生来就具备发展这些能力的潜力。在青少年时期和早年成年期，人的全方位的能力在不断成长、成熟。为了确保孩子的这些能力得到发展，就要理解我们的社会提供给他们的互动和体验的质量是怎样加强或损害这些新兴能力的，这是非常有帮助的。[30]

和大人一样，孩子也必须穿越这个世界，要对周围发生的一切做出回应。和我们一样，他们做出回应也是出于焦虑、责任感，或是受到潜伏在他们大脑中的诱惑的影响。但是如果我们在实践中有所投入，及早地在旁边指导，我们就可以帮助孩子发展他们在执行功能方面的能力，这种能力能让他们拥有一个可以受用终身的更强大的"空中交通管制系统"。

如果你和孩子之间有一个开放的沟通渠道，那这种实践和指导很容易就可以发生。米歇尔·伊卡德（Michelle Icard）是亚马逊畅销书《中学改造：改善您和孩子体验中学时代的方式》（*Middle School Makeover: Improving the Way You and Your Child Experience the Middle School Years*）的作者。[31] 在 2018 年我的一次采访中，她提供了父母如何帮助孩子发展执行功能的方法。伊卡德说和孩子开诚布公地谈论大脑及其发展原理，这是开始帮助孩子发展执行功能很好的一种方式。她说："让孩子看到神经学和生物学幕后的真相，不要把这当成一个秘密。向你的孩子解释：'你可能需要一点儿帮助，我就是来给你提供那种帮助的。我想教你把这事弄明白。'"[32] 一旦有了这样的沟通渠道，你就可以更好地把科学知识应用到实践中了。

所以，大脑中到底在发生什么？据科学家说，大脑里发生着很多事情。从根本上来说，孩子的大脑处于持续完善的状态。世界神经学家杰伊·吉德（Jay Giedd）表示：

> 在青春期，大脑中帮助组织、规划和拟定策略的部分还没有发育完善……但并不是说青春期的孩子是愚蠢的或是无能的。在他们的大脑发育完善之前，我们期待他们拥有和成年人同样水平的组织能力或决策能力，这是不公平的……青春前期的集中成长给大脑提供了极大的潜力，具备不同领域娴熟技能的能力在这一阶段开始建立。至于父母的育儿方式、老师、社会、营养及生物或细菌感染——所有的这些因素——对这一阶段能力的生成有什么影响，

我们的研究尚在初级阶段。可能削减阶段更有意思，因为我们对削减阶段的主要假设遵循的是"非用即失"原则。那些被使用过的细胞和连接可以存活下来，并得到长足发展；而那些未曾用过的细胞和连接则会枯萎、死亡。[33]

现在，我们把话题拉回那些丢失了的物品和遗忘了的家庭作业上面。父母可以怎样帮助一个大脑尚在发育中的孩子呢？父母如何变得更具同情心呢？米歇尔·伊卡德说父母可以直接问孩子，问他们有什么能帮他们记住自己的家庭作业和午餐盒："让孩子想出一个策略，让他们做自己的专家。问他们：'你觉得什么对你的大脑有用？'"[34]这样做可以让孩子对他的成功有所付出，而不是直接告诉他们怎样做。对属于视觉型学习者的孩子来说，可能一个出于战略性考虑而放在那里的清单就会对他们有用。而对触觉型学习者来说，一个手表上的计时器可能就可以帮到他们。但不要忘了，对一个孩子有用的方法不一定对另一个孩子也有用，在今天有用的方法不一定到明天还有用。我们没必要追求完美的计划和成功的实施，只要朝着成功的方向不断努力就行了。可能需要花费孩子成年之前的所有时间，才能养成一个从各方面来说都有效的习惯。

现在我们已经知道了处于青春前期的孩子他们的大脑中在发生什么变化，那处于青春期的孩子他们的大脑中又在进行什么样的变化呢？了解青春期孩子的大脑（不是像神经学家那样去了解，而是作为一个受过良好教育的父母去了解）可以让你对孩子抱有健康的期待，对孩子正在经历的事情怀有同情心。真由美·普林斯博士在采访伊始就说："老师给学生们进行性教育的时候，会解释他们的身体是如何变化的，"她说，"但他们遗漏了一些事情，他们不会说：'顺便说一下，你的大脑也会发生这样的变化。'这应该被纳入这类课程，从而让孩子们知道可以去期待什么，知道为什么他们会有那样的感觉。我认为知道这些可以帮助孩子度过非常艰难的青春期阶段。"

这一点于我而言非常重要。真由美·普林斯博士进一步解释说:"大脑的额部,也就是前额正后方的区域,又称为额叶皮层(the frontal cortex),控制着人的执行功能,属于大脑内部发育最迟缓的区域。所以作为成年人,我们决策的过程、决策的顺序和决策时用到的大脑区域与青春期时决策的过程与连接是不同的。青少年倾向于使用大脑中控制情绪发展区域的连接,所以他们的大部分决策是由情感驱动的,而非由理性驱动的。"这就更讲得通了,是不是?

关于青春期孩子的大脑,还有一个无人不晓的事实,那就是青春期的孩子经常采取冒险行为。普林斯博士说:"冒险行为属于孩子正常的、逐步发展的成长过程。在青春期孩子的大脑中,大脑线路的连通性会发生很大变化,这些连通性会经历很多变化。青春期意味着是时候脱离父母,变得更加独立了,所以应该让孩子们去面对冒险行为。"但青春期孩子仍然需要来自父母的指导,他们需要认识到自己可能无法做出正确的决策,他们需要去冒险,从而能更放心地去外面的世界闯荡,成为有用的公民。

关于这一点,米歇尔·伊卡德这样解释:

> 在青春期阶段,孩子们必须开始去冒险,想着:"我想找到一份工作,开上一辆车子,赚一些钱,不再依靠我的父母。"但如果大脑中善于思考和分析的那个部分在青春期阶段处于被父母控制的状态,他们可能会想:"我不需要做这些事,我已经过得很好了。我不需要去付房租,我所有的吃的有人给我买,我已经拥有了一个游戏机和一张舒适的床。我被照顾得很好,我为什么还要冒险去自己照顾自己呢?"所以大脑中控制情绪的区域必须被连通,这样孩子才能学着怎样去冒险,但只能参与健康的冒险。[35]

这一点很关键:参与健康的冒险。孩子们需要认识到他们可能无法做出正确的决策,或参与正确的冒险。父母需要在场,但不要揽下一切替他们决策。现在父母要做的是当乘客,而不是当司机,放手让你的孩子走向成年。

我们再回到同情心的定义。同情心的字面意思是"共同受苦"。[36]情感研究人员对同情心的定义是,同情心是当你遇到别人在受苦时想要帮他人减轻痛苦的感觉。"同情心和同理心、利他主义有所不同,尽管这几个概念之间都是相互关联的。而同理心更多地指我们站在另一个人的角度,感受他情绪的能力。同情心包含愿意去帮助别人的所有感受和想法。"[37]

因此,我们对孩子的同情在他们每天的生活、成长和发展中起着非常重要的作用。真正理解我们的孩子正处于大脑发育过程中的哪个阶段,这是至关重要的。怀有同情心就意味着富有同理心、有共情力,能和他们一起寻找解决方案。最关键的是去帮助他们,而不是去"纠正"他们或扭转局面,就是简单地、真心实意地支持他们。

所以我们如何在日常生活中利用我们的同情心给孩子正在发育中的大脑提供支持呢?首先要从同情心出发,即使是在你恼羞成怒、心力交瘁的时候。认识自己的情绪,深呼吸几次,如果你做不到以同情心作为出发点,就先离开房间。等你准备好了,再带着同情心从头开始。要相信对孩子或青春期孩子大脑的研究,要知道你的孩子正在经历的所有事情都是正常的,要相信你的孩子能够顺利渡过这些难关,在你的帮助和指导下,他们终将学会怎样成长为有用的公民。这只是他们人生旅程中的一部分。要相信你自己和你的孩子(本书第四章将详细介绍该如何去做)。要确保你的孩子——尤其是如果他正值青春期——每晚都能保证8到10小时的睡眠,这一点极为重要。

父母偶尔会觉得很有挫败感,这是很正常的,但不要放弃你的孩子。我们必须记住大多数人都可以成为正常的成年人,付着他们的账单,上着班,生活过得有滋有味。你的孩子也可以做到的,所以坐下来,深呼吸,问自己:"我可以在这个阶段做点什么,让我的孩子进入下一个人生阶段?"

在我们关注同情心的同时,也要帮助孩子去发展他们不断复杂化的执行功能。帮助孩子找到可以让他们在执行任务、完成学业的过程中有良好感觉的东西,找到可以让他们施展自己才能的东西,而不是会挫败他们的东西。要记住青春期孩子的大脑尚在发育当中,要帮他找到可以帮助他自己的方式,让他的大脑得到最充分的发育,要关注所有权。杰伊·吉德博士表示:"如果一个青少年正在演奏音乐、进行体育运动或在参与学术研究,在这些情况下,他们脑中的细胞或连接处于硬连接状态。如果他们在沙发上躺着或在打游戏……在这种情况下他们脑中的细胞和连接是会存活下去的。"[38]青春期阶段是充满挑战的,这是无法回避的,但是理解你的孩子正在经历的事情可以缓解这种痛苦。

要和你的孩子谈论他们尚在发育中的大脑,给你的孩子,或处于青春期前期的孩子,或已经进入青春期的孩子提供他们需要知道的信息。你可以告诉他们:"你的大脑在早期成年期会继续发育,继续变化。随着你的成长和发展,这一切是会发生的,这都是正常的,也是可以的。"要给孩子解释他并不是孤身一人,这一切并不仅仅发生在他一个人身上。允许犯错和成长,并不断重复,这是一个会不断持续下去的对话。

专家育儿建议:有执行功能障碍的孩子

孩子身上的执行功能障碍对他们有诸多影响,其中之一就是会影响他们的学业成就。以下这些建议(来自职业心理学家!)适用于孩子可能会经历这些困难的父母。你可以在本书注释部分找到相关网站,了解更多方法,或在本书第七章"作业烦恼"一节找到相关内容。[39]

● 通过给孩子教授规则,提供框架指导,围绕家庭作业提出对孩子的期待。

- 鼓励孩子每次完成作业后要检查。
- 如果有需要，可以和孩子一起完成作业。
- 给孩子提供包含所有家庭作业在内的视觉检查表或日程表。
- 围绕家庭作业设计日程安排与每日常规，以及所有的日常任务和活动。
- 在孩子开始做作业前让孩子做好做作业的准备，这样做或许很有用。
- 把大的任务、项目或复习考试的工作分解成几部分，给每一部分提供一个检查清单。
- 了解青春期孩子的睡眠模式，把睡眠放在第一位。
- 要有清晰的育儿规则、规划路线和限制要求。
- 在孩子需要的时候介入，要允许孩子犯错。

练习说"对不起"

一个星期六的晚上，安德鲁和我去外面度过了一个美好的周末，我们吃了晚饭，看了场电影，然后回了家。家里静悄悄的，两个孩子显然已经上床睡觉了。我们想着我们应该能从帮我们照顾孩子的临时保姆凯蒂（Katie）（她当时正读十二年级）那儿听到好消息，但听起来今晚在我家上映的是"两兄弟与小保姆"，混乱的局面才刚刚结束。

起初，我们善良的保姆什么也不愿意说，她有点惊吓过度，而且她不想让两个孩子陷入麻烦，但我要求她告诉我发生了什么。她说兄弟两人打了架，还非常地疯狂。好吧，男孩子之间是会打架，他们也的确很疯狂，毕竟是男孩子嘛。但是到最后，他们的无理取闹还变本加厉了。凯蒂说，两个孩子告诉她："你要是不答应我们明天早上 7:30 给我们带糖果来，我们今晚就不上床睡觉。"

什么？我简直难以置信，我丈夫对此也非常不悦。这种行为绝对不可以轻易放过，绝对不行！第二天早上，我问他们昨晚发生了什么。

他俩没怎么交代。然后我告诉他们前门有他俩的快递，他们听了很疑惑。我说："是糖果，糖果到前门了。"听了这话，他们脸上浮现了紧张的笑容。他俩开始朝前门走去，面面相觑，看起来不敢相信他们的要求真的被满足了。就在他们开门的刹那，我大声吼道："根本就没有糖果！"也许我不应该吼的。然后我跟他们说我们需要坐下来，开一个严肃的家庭会议。

起初，我们告诉他俩一个星期不许看电视，但我们觉得这还不够。我们把这件事看成一个很有教育意义的契机。我们想着让他俩给凯蒂写信，为他们的行为道歉，但又感觉不太对——那时候他俩只有五六岁。但我们认为他俩需要明白他们的行为是不对的，他们需要学着去表达自己的歉意。所以决定不写信了，我们想着我们应该教他们如何说"对不起"。两兄弟曾在家里对彼此或对我们说过"对不起"，但还没有遇到过在"现实世界里"必须说"对不起"的情况，因为到目前为止还没有出现过需要说"对不起"的大事情。但我们认为："现在是时候了。"

基于以上考虑，我们是这样做的：我们告诉两个孩子，因为我们不知道下次见到凯蒂是什么时候了，所以我们应该给她发个视频，他俩应该跟凯蒂说"对不起"。那个时候两个孩子已经爱上了拍篮球视频，他们会拍自己在房间里的篮筐上扣篮的视频，并配上比赛详情解说。我跟他们说就跟拍篮球视频一样，他们可以拍一个视频说"对不起"。我告诉他们学会给别人道歉，这会在成长的过程中帮到他们。我们虽然很担心，但好在他俩没有反抗。他们知道我对他们的行为非常生气，他们必须对凯蒂做出补偿。给他们提供了指导之后，我向他们解释他们需要反思前一天晚上发生的事情，思考他们要怎样道歉。听了我的话，他俩真的反思了自己的行为，思考了他们要怎样说出道歉。

第一个视频开了个好头。杰克逊当时 6 岁，他表现得很局促，看上去很不安，胳膊和腿到处乱动，但他的确说了"对不起"。而 5 岁的亚瑟表现得好像他不知道自己的行为错了似的。所以我让他们重拍，主要是为了让亚瑟承认自己的所作所为。这一遍杰克逊让自己的身体平静了下来，然后说："我很抱歉我对你那么刻薄。希望你今天过得愉快。"接下来该亚瑟了。他用奶声奶气的声音说道："凯蒂，对不起，我没有听你的话。"亚瑟一用他奶声奶气的声音说话，我就知道他的确意识到自己错了。我把这个视频发给了凯蒂。

凯蒂立刻就回了信息："啊……太可爱了。告诉孩子们没关系，我很快就会来看他们的。"我给孩子们看了信息，然后问他们："你们感觉怎么样？"亚瑟喊道："进球了！"我问他什么意思，他解释说他很高兴凯蒂没有生他的气。杰克逊只是安静地微笑着。此后，关于这件事我再没说任何话。这是我从自己的书中学到的教训。

在我们家，善待他人是从来不曾间断的话题，将来也会是如此。我很高兴告诉大家在孩子们成长的过程中，再也没有出现过像上次那样的"保姆事件"。他们学会了如何做到举止得体，做出明智的选择。如果有必要，两兄弟之间会相互道歉。在我们家，手足之争是无法避免的存在。毕竟他们也是两个独立的个体，意见相左的情况也时有发生。当然，不管是在压力巨大的时候还是在家人的日常相处之中，丈夫和我也会因为我们的行为给孩子们道歉，或给彼此道歉。

我们家里出现争论的情况一般是这样的：我在厨房做饭，他们两个在外面玩。我听到其中一个大吼了一声，另一个接着也吼了一声，然后他们两个会争先恐后地跑到我跟前，当着彼此的面跟我说明详情。等他们说完情况，我会介入其中，帮他们理清谁需要道歉，谁需要原谅。我们在练习从口头上表达歉意，但如果有时候事情超出了我们的控制，写信就成了一个很好的选择。我本来就是个作家，我很喜欢写作，写作是我在生活中解决问题的方法。两个孩子还没出生的时候，我就开始给他们写信了，并且一直坚持给他们写信。写信对杰克逊和亚瑟来说也是一种有用的方式；我们会让他们两个都退后一步，回到自己的房间，写下自己的感受。等两个冲动的孩子冷静下来之后，他们读着写给彼此的信，从而理解了对方，然后做出道歉，给予原谅。

下面我摘录了一次争吵过后他俩给彼此写的信。那次的矛盾起因是亚瑟想一个人在后院待着，但杰克逊想要和他一起在后院玩。

杰克逊写给亚瑟："亲爱的亚瑟，我觉得你想独占后院是不对的，这对我不公平也不仁慈。我爱你，我想让你去后院玩，但我也想玩。所以你不让我进后院的时候，我很生气，心里很难受。"

亚瑟写给杰克逊："杰克逊，你不理解我的感受，我跟你说我想一个人在后院待着，你却不同意。我想让你知道的是，你和爸爸占着后院玩传球，而且你们玩了那么久，所以我想让你知道那种感觉。好吧，我就是想让你知道那种感觉。"

在这种情况下，两个孩子读完彼此的信，他们都笑了。我们很快重新审视了每个孩子的需要，最后决定让他俩平等共享后院。我们也通过讨论试图去理解他们的出发点本来是什么样的，以及他们对眼下这种情形有什么感受。两个人都说出了"对不起"，他们之间又恢复了往日的和睦。

但并不是两个孩子之间每次有争执都会写信。如果每次都写信，那我们全家人一天所有的时间都用于写信了。但写信的确有它的作用，这是练习说"对不起"的另外一种方式。随着孩子们逐渐成熟，他们开始变得更加愿意去倾听别人的观点，反思自己的行为，采取积极的方式表达自己的感受和心中的歉意。

我们是孩子的第一任老师，作为父母，我们可以帮助孩子拥有同理心，帮助他们去表达自己的歉意。我们教给他们的这些可以让他们与周围的世界建立联系，让他们与自己的情感和情绪之间建立联系。我们想让他们知道即使有时候我们都会犯错，但我们可以扭转局面，吸取教训。我们在练习如何阅读、运动、演奏乐器，我们也可以练习如何说"对不起"。

> **专家育儿建议：练习说"对不起"**
>
> ●练习，不断地去练习。我们都是边学习边成长的。
>
> ●对孩子负责，但不要忘了要教会他们怎样对自己负责。
>
> ●问你的孩子：
>
> » 你认为自己为什么会做出这样的行为？
>
> » 你伤害了谁？
>
> » 你认为你的行为让他/她感觉如何？
>
> » 为避免这样的事情再发生，你需要做什么？
>
> » 我怎样能帮到你？
>
> ●给孩子示范说"对不起"。必要的时候跟孩子道歉。
>
> ●记住要在一个安全的空间里说出"对不起"，道歉才能成功。给孩子安全感，让他知道在他表达自己的歉意时，有人在倾听，下一步就是翻过这一篇。不要记仇！
>
> ●设立符合现实的预期。让孩子用自己的语言表达歉意，以符合他们年龄水平的语言道歉。

练习善良

加尔各答（Calcutta）的圣特蕾莎（Saint Teresa），又称为圣特蕾莎修女（Mother Teresa），是我终身的老师之一。尽管我在一个信奉罗马天主教的家庭长大，但我还是能清晰地理解她的话："如果你不能养活 100 个人，那就只养活 1 个人。"这是她许多让我产生共鸣的教导中的一条，是我成年生活所恪守的准则。这句话以一种更加切实可行的方式打开了通往关怀和善良的大门。

我是在天主教的学校接受教育的，那里的课程教导我们要关爱他人。要养成乐于助人的习惯很容易，因为我们日复一日、周复一周、年复一年地在练习怎样帮助他人。在家里，我看到我的父母也在身体力行真正的善良，在我童年及之后的人生中，他们一直是全家人行善的典范。

根据我自己的经验，善待他人或关爱他人让我对自己感觉良好。基于我童年时候的经历，我觉得这种良好的感觉并不是我最初帮助他人的初衷，帮助别人已经成了我自身的一部分。不管是在帮助别人的过程中，还是在帮完别人之后，我都会觉得很开心。科学研究表明，我不是唯一一个有这种感觉的人。

西达赛奈（Cedars-Sinai）医学中心精神病学教授瓦古伊·威廉·伊沙克（Dr.Waguih William IsHak）表示，善良其实是一种化学物质。[40]当你善待他人的时候，你大脑中的愉悦中枢和奖赏中枢会活跃起来，就好像你是这个善举的接收者——而不是发出者。这种现象又称为"助人快感"。这个词语是怎么来的？伊沙克博士解释说大多数有关善举的研究都以荷尔蒙催产素为研究中心。长久以来，催产素一直被视为一种温暖的、令人愉悦的荷尔蒙，它可以增强爱的感觉，促进社交亲密度，提升幸福感，所以催产素有时又称为爱情激素。这种激素有助于形成社交纽带，当母亲为促进和孩子之间的亲密关系进行母乳喂养时，就会分泌出这种激素。除了可以产生催产素外，善良也会刺激血清素的产生。根据达特茅斯学院（Dartmouth）的一项研究，"这种感觉良好的化学物质能治愈你的伤口，让你平静下来，让你快乐起来！"[41]考虑到所有的这些好处——无论是给予善意还是接受善意——我的问题是：善良是可以教的吗？答案是肯定的。

理查德·戴维森博士（Dr. Richard Davidson）表示："这在根本上与学习拉小提琴或学习某项运动毫无二致。"[42]戴维森博士是威斯康星大学麦迪逊分校（University of Wisconsin–Madison）健康心智中心（Center for Healthy Minds）的主任。在工作过程中，他为学龄前儿童开发了一套以正念为基础的爱心种子课程，帮助他们更加关注自己的情绪。他说："我们发现上过爱心种子课的孩子，他们的行为更具利他性。"[43]他还发现参与爱心种子课的孩子注意力更集中，成绩更优秀，表现出更高的社交能力。

我希望这些研究能激励你开始去教自己的孩子懂得善良和关怀。善良通常被视为一种"软实力"，所以它不像学术成就那样受到重视。我们从一项全国性的调查结果中直接了解到了这一点。这项调查属于哈佛大学"让关爱更普遍"项目研究的内容。该调查发现来自不同背景的大多数年轻人把个人成功看得比关心他人更重要。这些孩子和青少年认为他们的同龄人和他们生活中代表权威的成年人（比如说老师和家长）也把成功看得比善良重要。[44]这意味着我们必须要调整教给孩子的东西，调整对他们的示范内容，这不仅是为了促进他们的健康，也是为了减少已渗入现代社会的潜在有害的学业成绩压力。我们知道在当今世界，孩子正经历着更多的焦虑、抑郁和孤独感，而善良所产生的较高水平的快乐激素有助于缓解这种趋势。

所以，5年前我决定这样去做：我认为善良应该作为我们的孩子发展和教育基础的一部分来教授，所以我想首先在自己家里给孩子们教授这一点。我是一名教师，也是一名育儿记者，我从我的研究和报道中学到了东西，所以我决定创建一个项目来帮我教育自己的孩子——以及我们的社区——教会他们善良和同情。

所以我成立了一个叫"关爱关键（Caring Counts）"的非营利组织，这个名字就说明了一切。关爱的确很关键，它和学习、运动，或我们让孩子接触的其他课外课程一样重要。"关爱关键"的使命是教授善良、同情（包括自我同情）以及培养孩子及其家庭的归属感，服务式学习也是我们利用非营利组织在世界上行善的一个重要方式。

我相信孩子们可以做出大事情。如果给他们机会，孩子们能做出很大的善举。在我们的组织中，我们组建了"善良的少年勇士（Kind Kid Warriors）"团体，旨在让孩子们通过服务式学习实现我们传递善意的使命。不管是为无家可归者准备卫生用品，还是为食物得不到保障的家庭分发食物，我们的孩子都是小小年纪就亲自动手，不用等到十二三岁才开始。

我们也会和其他的非营利组织合作，来帮助有特殊需要的孩子增强归属感。在我们社区有一个很了不起的非营利组织，叫"西山冠军（West Hills Champions）"，它的创始人和我一样，也是一位妈妈。她的孩子很喜欢打棒球，所以她想提供机会，让她的孩子帮助身体有缺陷的孩子打棒球。现在，在秋季棒球季期间的每个星期天，少年棒球联盟的运动员都会来帮助这些"冠军"——也就是身体有缺陷的孩子——打棒球。

有一次，我们"善良的少年勇士"当中的一些孩子也前去帮忙。我儿子亚瑟也来到球场，他要求组织者给他也安排一位冠军。我永远也不会忘记亚瑟和那个叫卢卡斯（Lucas）的孩子之间的交流。

把他们两个人介绍给彼此后，亚瑟主动打了招呼，但卢卡斯——他身材魁梧，比亚瑟大一岁——上下打量了一遍亚瑟，说："我想要个子高点儿的。"

亚瑟看起来惊呆了，他不知道该说什么。

组织者笑了笑，说："卢卡斯，你今天就跟他合作了。"

卢卡斯不高兴，但随着比赛进行，他们两人很快就成了朋友。亚瑟给卢卡斯出谋划策，为他加油打气。每次跑过本垒的时候，卢卡斯就会朝亚瑟那边看。

所以你明白这里发生的事情了吗？许多的学习和成长就在这里发生，亚瑟不仅学到了帮助他人和善待他人，而且有机会看到别人的需要，这让亚瑟明白了卢卡斯仅仅是一个和他一样的孩子，反之亦然。当然，他们之间也有很多不同，但在亚瑟眼中，卢卡斯和他一样，仅仅是一个有自我需求的人，尽管卢卡斯觉得亚瑟不是能帮

037

自己打好棒球的合适人选。亚瑟能真正理解卢卡斯的强烈愿望，因为他本人也总想在比赛中获胜，拼尽全力。这也是卢卡斯想要的，他想和其他人一样。

还有一个例子。在新冠肺炎疫情期间，我们的组织曾全力帮过一所洛杉矶联合学区的学校，在短短9个星期的时间里，我们提供了1000份饭菜，还给食物得不到保障的孩子及其家人写了许多封充满希望和关爱的书信。在2020年秋季开学时，我们为学校运送了2500多件供给物品。让人欣喜的是，"善良的少年勇士"写了那些充满希望和关爱的书信后，洛克伍德小学（Lockwood Elementary）的学生及其家人给他们写了回信。对于我们的"少年勇士"来说，这一刻是无比圆满的。这种善意在不断蔓延着，而我们的组织还只是一个小小的非营利组织。

不过，这并不是要你也马上创建自己的非营利组织。（记住特蕾莎修女所说的话。）在此我想说的是：示范善举是一种很重要的方法，你可以用它来让你的孩子变得善良、慈悲、慷慨助人。黛比·戈德堡（Debbie Goldberg）是两个孩子的母亲，也是"新鲜兄弟比萨（Fresh Brothers Pizza）"的联合创始人。她从孩子很小的时候开始，就一直在给孩子示范这种善良的行为。在我着手创办"关爱关键"的时候，还给她打过电话，是两个妈妈之间的那种对话，我得到了她的一些见解和指导。征得她本人的允许，我在此分享她是如何在家中提倡善良和给予的。

问：你是什么时候开始给孩子介绍"给予"的概念的？当时他们有多大？你介绍了哪些活动？

答：2004年，我生下了一对龙凤胎，很快我就成了"海滩城市多胞胎家长协会（Beach Cities Parents of Multiples Association）"的会长。当时他们有一个项目叫"上门送餐服务（Meals on Wheels）"，就是让志愿者给刚生完多胞胎宝宝的妈妈送餐。我们那时候经常去送餐，我就把两个孩子带上一起送餐。而且，因为我们（丈夫和我）经营着比萨连锁店"新鲜兄弟"，我们觉得我们必须回馈社会。有一年圣诞节，我们跟一个名叫杰森·琼斯（Jason Jones）的高中生合作，为有需要的人举办了一场运动衫募捐活动。他的组织叫"运动衫工程（Sweatshirt Project）"，我们一起收集了1000多件全新或八成新的运动衫。当时我的两个孩子才5岁，但他们帮我把运动衫分类整理好，帮我把大箱子搬来搬去，诸如此类。还有一年母亲节，我们为"帮妈妈走出家门（Help a Mother Out）"这个组织收集尿布。两个孩子在那次的活动中也帮了大忙。

给予是一种行动。让你的孩子帮你做任何一种你喜欢的给予。如果你在为食不果腹的人收集食物，就带你的孩子一起去商店、救济站等地方，让他们参与其中。问孩子他们想要参与哪种类型的捐赠和慈善活动。至于他们的零花钱，可以分装在3个罐子里：积蓄、花销和捐赠。让孩子自己选择把钱捐到哪里。如果你的孩子爱马，也许你可以找到一个马匹救助组织，让他们去捐点钱。

问：你能解释一下你是如何让孩子明白给予是生活的一部分，而不是只在节假日才会做的事情吗？

答：孩子明白我们作为生意人，有责任去回馈我们所在的几个社区，感谢他们支持我们的生意。如果镇上有像"曼哈顿10公里（Manhattan Beach 10k）"这样的比赛，我们会给参赛者分发1000块比萨。我们做这些的时候都是一家人一起做——妈妈，爸爸，内特（Nate）和瑞安（Ryann）。我们尽力让孩子和我们一起参与捐赠，在这个过程中他们学到了慈悲心和给予的快乐。

从很多方面来说，我们的生意"新鲜兄弟"就是我们生活的写照。如果你跟社区里的任何一个人聊起"新鲜兄弟",他们会说我们所做的就是回馈社会。这是一把双刃剑……每一种行为都有与之相等的回应,也有与之相反的回应。有时候还会吓一跳,比如别人看到我们穿着有"新鲜兄弟"标志的衣服时,可能突然有个陌生人就会朝我们走来,说出"谢谢你赞助我们球队"或"谢谢你为我们的教育系统所做的事"之类的话。给予就是这么神奇,它永远都不会过时。

我们给予是因为我们有这个能力。我们虽不富裕,但幸运的是我们有一份成功的事业和一个快乐健康的家庭。给予将会成为我们生活的一部分,这个过程很有意思,我们都很享受给予的感觉。[45]

当一个孩子开始在自己的需求以外看到别人的需求时,就说明他开始发展有同理心的大脑了。公共卫生倡导者克里斯托弗·伯格兰德(Christopher Bergland)这样解释:"因为我们大脑的神经元回路是可塑的,是可以通过神经可塑性重新连接的,所以人的同理心和同情心趋向也不是一成不变的。我们需要设身处地为他人着想,从而强化我们的神经网络,这样才可以做到'爱人如己'和'己所不欲,勿施于人'。"[46]

及早进行善良教育和同理心实践,这一点应该在家里始终存在。就像我们培养孩子的阅读和数学能力一样,我们也要培养他们善良的内心和关爱的精神。从四五岁开始,亚瑟和杰克逊就一直在帮助洛杉矶市中心贫民区(Skid Row)无家可归的人。给有需要的孩子送圣诞礼物也是他们最喜欢做的事情之一。

你可以帮助孩子将善心付诸行动。从小就教孩子学会善良,让他们可以在家里、学校及社区分享自己的善良,让他们能自主地为他人提供服务。如果你不知道该如何教导他们,下面是一些关于如何让他们（包括你们！）开始行善的建议。

专家育儿建议：全家人一起行善的建议

- 询问年长的邻居，他们是否需要什么帮助。
- 经常跟你爱的人表达爱意。
- 如果你在商店或餐厅得到了别人的服务，要进行眼神交流，真诚地感谢员工的帮助。
- 向即将废弃的任何收费器中投些硬币。
- 如果你知道某个人特别忙，可以主动提出帮他遛狗。
- 当脑海里浮现了什么慷慨助人的想法时，立刻付诸行动。
- 带一位朋友去吃晚餐。
- 为他人挺身而出。
- 排队时留出位置让别人从你面前走过去。
- 赞美别人的外表。
- 在社区做志愿者。
- 不要说别人的坏话，让你的话语充满善意。
- 重复利用。
- 想想你生活中的人，想想他们在做家务或完成任务时需要什么帮助。
- 不要等别人问你。
- 在紧张的情况下依然用镇静的声音说话。
- 给你最喜欢的慈善机构捐赠。
- 花点时间陪陪独自生活的老人。
- 教给孩子一些你希望在那个年纪就知道的事情。
- 如果你的朋友或家人正在经历一段艰难的时光，要让他们知道你一直都在，随时可以和他们交谈，给他们提供帮助。

●献血。

●给许愿基金会（Make-a-Wish Foundation）捐赠，或成为志愿者。

●多说"请"和"谢谢"。

第二章

接纳

> 我不认为任何人都能获得成长,除非别人爱的是现在的他,别人欣赏的是他当下的样子,而不是将来的样子。
>
> ——弗雷德·罗杰斯(Fred Rogers)

在我们讲城堡法则的过程中，我提到了一些故事来阐释我们的育儿方式和对家庭的看法，我希望这些故事可以对我们的孩子产生积极或消极的影响，这种影响可以从现在一直持续到成年。正如玛雅·安吉罗（Maya Angelou）所说："尽你所能，直到你了解得更多。等你了解得更多的时候，就去做得更好。"

你能想起自己曾不被家人、朋友、老师或你敬重的其他人接纳的时刻吗？现在，想想你最亲近的人不接纳你，想想你的父母不接纳你，他们是这世上本该支持你的两个人，是本该理解你、接纳全部的你的两个人。

作为父母，我们可能认为我们的孩子应该知道我们接纳他们。但当棘手的问题出现时，我们还能真正地接纳他们吗？我们真的接纳孩子本来的样子，而不是我们认为他们应该成为的样子吗？当我们接纳他们的时候，我们的言行是否以一种我们的孩子能认可的方式证明了这种接纳？学习如何接纳孩子本来的样子和如何表达这种接纳都至关重要，因为事实证明被接纳的感觉对我们的成长非常关键。如果得不到接纳，我们的大脑和生活就会变得更糟。

有关父母接纳和拒绝接纳的研究

了解拒绝接纳孩子的后果，并积极促进家庭内部成员间的互相接纳，这是我们真正接纳孩子关键的第一步。康涅狄格大学（University of Connecticut）人类发展和家庭科学名誉教授罗纳德·若纳尔（Ronald Rohner）博士解释说，童年时候经历的温暖、亲情和其他关心和爱的表达"可以作为一个缓冲器，缓冲拒绝接纳带来的诸多负面影响"。尤其重要的是我们要关注"感知接纳"的益处。[47] 如果一个孩子相信他的父母接纳他,这样的孩子可以在儿童时期和成年时期抵制更多潜在的危险因素。

若纳尔博士说:"被生活中非常重要的人(比方说父母中的一方)拒绝会刺激大脑中特定的区域,这和身体上的疼痛带来的刺激是一样的。更重要的是,在拒绝型家庭中长大的孩子,他们的大脑结构发生了变化。生活在拒绝型环境中的孩子,他们的大脑结构和大脑功能与别的孩子明显不同。大脑中对学习、记忆和情绪控制至关重要的区域会受到拒绝过程的影响。这种趋势会一直持续到成年期。"[48] 如果孩子感知到,哪怕是潜意识地感知到他的父母拒绝接纳他,这种感觉会改变孩子的生活,甚至影响到他的成年时候。若纳尔博士列出了以下清单,帮你了解、意识到你自己孩子身上出现的警示信号。[49]

情绪影响

- 敌意、攻击性、被动攻击,或与处理敌意/攻击性相关的问题
- 自尊心受损
- 自我效能感受损
- 情绪无反应
- 情绪不稳定
- 消极的世界观
- 依赖性,或具有防御性的独立
- 焦虑
- 缺乏安全感
- 思想扭曲

认知影响

- 与学习和记忆有关的早期大脑发育中断
- 神经和免疫系统功能受损

身体影响

● 更容易受到感染,出现下列慢性健康问题:

　» 心血管疾病

　» 慢性阻塞性肺疾病(COPD)

　» 肝病

　» 中风

　» 癌症

　» 哮喘与过敏

从研究中可以清楚地看出,接纳对于一个孩子的身心发展和健康都十分必要。了解了这些之后,我想继续分享几个我的或其他父母的故事,帮助你思考对自己孩子的接纳感。这些故事能让你了解更广泛意义上的接纳和拒绝是什么样的,以及在你没有意识到的情况下,拒绝接纳的信念是如何悄悄渗透到你的育儿方式中的。之后,我会就如何接纳孩子的一切给出一些建议。在你阅读的时候,问自己这样一个问题:"谁是我的孩子?"再问一遍:"真正的他到底是谁?谁是我的宝贝孩子?"

谁是你的孩子?我的迷你麦肯罗(Mini McEnroe)

苏斯博士(Dr. Seuss)写道:"今天的你是你,这一点真的不能再真了。世上没有比你更像你的人了。"我12岁的儿子亚瑟非常争强好胜,他喜欢和他13岁的哥哥杰克逊争,喜欢和我丈夫安德鲁争,还要和我争。他在学校、在体育运动、在生活中都非常要强。这一点本身无关紧要,这个阶段就是这样。

他4岁时发生的一件事让我们对他好胜的天性一览无余。当时我们家邀请了亚瑟的几个朋友及他们的妈妈,在进行野外烧烤。一切本来进行得很顺利,孩子们在玩耍,妈妈们在一起聊天,"完美的"玩伴聚会正在进行。然后我突然想到了一个点子:让妈妈和孩子们一起参加接力赛。这个游戏很简单,一个孩子跑到另一个孩子

047

跟前,拍一下他,以此类推,直到所有的孩子都轮到了。妈妈们也一样。听起来很有意思吧?但是最后妈妈队赢了,之后的事情就不是那么有意思了,至少对亚瑟来说是这样。所有的孩子都继续去玩了,但亚瑟放不下这件事,并且把他的不开心表现得尽人皆知。他告诉其中一位妈妈(不过至少是以尊敬的态度说的)妈妈队作弊了,他想要重新比赛。好在这会儿妈妈队让步了,在第二轮比赛中孩子们取胜。这下亚瑟才开心了。所有的孩子看起来很高兴,聚会继续着,欢声笑语,持续了很长时间。看到这些我也笑了,但我心中也很恼火。

一年后的一个夏日,又发生了另外一件事。我们的日历上安排了一场在后院举行的网球比赛,当时亚瑟5岁,杰克逊6岁,他们两个和我二对一打,首先得到20分的一方算赢。(我不是那种总让孩子赢的人,我知道有人可能会反驳我,但我认为既然是比赛就不能那样进行。对我来说,玩得开心,同时可以学到体育精神才是最重要的,赢是额外的奖励。)说实话,我对打网球一无所知,只知道双方之间要把球打来打去。所以我想着既然我不懂网球,我就把它当成一场公平的比赛来打。杰克逊全程沉着作战,逼得我要保持警惕,随时应战。但每次我得分了亚瑟就气得跳脚,他朝我大喊:"妈妈,你就是想赢,这不公平!"但每次他们得分了,亚瑟就高兴得蹦起来,喊着:"你输定了!"再提醒一下,他那时候才5岁。

最后,我拿到了19分,再有一分就取胜。在这个过程中还有三次没有计分,因为两个孩子都觉得我的得分有问题。最后的最后,我终于成功拿到了20分。然后亚瑟就爆发了。

亚瑟声嘶力竭地喊道:"这不公平!你作弊了!"他把他的新球拍甩到地上,然后用尽力气把球扔了出去,就对着我扔了出去!即使这样发泄了,他也一点都没有平静下来,他就是接受不了失败。

亚瑟一直都是这样,他让我想起了一个迷你版的约翰·麦肯罗(John McEnroe)。我们很多网球迷都见过他在赛场上最糟糕的样子。

好在亚瑟在输掉那场网球比赛后的反应是迄今为止他最极端的一次反应了，但是在他做的每一件事情中，他都能看到竞争，坚信他会不惜一切代价取得胜利。当时，杰克逊主动提出可以重打一次，最终才算把亚瑟安抚下来，但是他大发脾气的样子让人很难接受。作为他的妈妈，我不想让他紧张，也不想让他感觉很糟糕。那父母想要的是什么呢？我想要他快乐，玩得开心，享受比赛的过程。所以在那之后，我承认我必须想方设法应对亚瑟的"激愤"和要强，但前提是不会压制他身上的积极特征：有雄心干劲。我一直坚信这个积极特征会让他在生活中受益。

因此，这个过程就这样继续进行着。亚瑟依然是我的迷你麦肯罗，但是随着时间的推移，他变得越来越成熟，他对自己的需求也有了持续的认识，这一切帮他朝着积极的方向前进。请你们不要误会，亚瑟依然是那个想在所有的事情中都取胜的孩子，我指的是所有的事情！比如说，在一、二、三年级，他在每周的拼写测试中都能拿到满分。在这三年中，他能把所有的单词都拼对，除了一个单词："每个（each）"。[但他把"阑尾炎（appendicitis）"这个词都能拼对]。不过好的一点是他现在能接受这样的失误了，这就是进步。他正在把自己的好胜心引向取得好成绩的方向，并学会了接受低于100分的成绩。

我写这些内容的时候亚瑟11岁，他依然争强好胜。只要他在这个地球上，他就会一直争强好胜下去。有的时候也让人觉得很难对付，但我没有其他的法子，这也正是亚瑟与众不同的地方。

你的孩子可能也非常好胜，或者在有些情况下很难去控制自己的情绪，那么，你如何帮他呢？作为父母，我们要允许孩子去做自己，但也要用一种健康、积极的方式引导孩子的这些强烈情绪。我们不能只是说："不许那样做，那样做不对！"我们要花时间帮孩子直面自己的情绪，即使是一些非常负面的情绪。允许孩子去感受这些情绪，给他们空间去理解这种情绪背后的"原因"，然后帮助他们转向更积极的情绪——这样做是向你的孩子证明你接纳他的一种很好的方式，告诉他："我不想控制你，我想帮你做自己，但是要以一种健康的方式做自己。"

谁是你的孩子？我的孩子有特殊需要

接下来我要谈的是世界上一个特殊的儿童群体：有特殊需要的孩子。2019—2020 学年，在美国，3 岁~21 岁学生中有 14.4% 是接受特殊教育的学生。为了说明接纳有特殊需要的孩子的重要性，我想再分享一个故事，一个痛苦而悲惨的故事。

律师乔治亚娜·凯尔曼（Georgianna Kelman）称自己为"特殊儿童律师"。她的儿子布兰登（Brandon）一出生就被诊断出患有一种严重的疾病，用她的话说就是"他的大脑有严重畸形"。医生告诉她和她丈夫，布兰登永远也不会走路或说话。[50] 凯尔曼说："我从来没想过我的人生会发生这样的转折，我以为我的人生会很完美。"现在，她把这一人生转折称为"修订版的童话"。

"我总把这件事看成是一次死亡，"她说，"你必须为孩子曾经的期望和你曾为自己设想的生活而哀悼。你必须为之妥协，然后放下它继续生活。我的家人在和我一起努力，但我们做的事无异于试图把方钉子塞到一个圆洞里。"

当然，父母都会竭尽所能帮助孩子发展，不管是通过治疗还是通过医学领域可以提供的其他手段。但凯尔曼说最终"你必须接受孩子本来的样子，接受你永远无法改变的那部分。显然，你把能想到的办法都用遍了，从支持、服务、上学到你能做的所有事情，你都努力了，但你必须认识到你的孩子永远也无法成为完美无瑕的孩子"。你必须完全接纳你的孩子，特殊需求和非典型发展是孩子的一部分。当然，做到这点并不容易，就连凯尔曼都挣扎过，整个家庭都挣扎过，而且还在继续挣扎。

布兰登已经取得了很大的进步，但新的障碍依然在不断出现。

从幼儿园开始，布兰登就加入了洛杉矶联合学区全纳教育计划（Los Angeles Unified School District full-inclusion program）。我写这部分内容的时候，布兰登已经是伯明翰高中（Birmingham High School）一名即将毕业的学生了。他已经超出了所有人的期望，尽管他身上依然有限制他的缺陷，但他能走路也能说话，他的生活非常充实。布兰登是伯明翰校篮球队的管理人，但是他不能进行他最喜欢的运动，也很难交到朋友，尽管他有来自妈妈、爸爸、兄弟、学校和社区的支持。布兰登并不是唯一一个有这种情况的青少年，但对他的妈妈来说看到他这样特别痛苦（我觉得地球上的每一个人都懂这种感受）。

凯尔曼告诉我她曾试着找机会让布兰登可以交到朋友。有一年，她发现有一场其他有特殊需要的孩子也会参加的篮球赛。她问布兰登是否想去，布兰登答应了。"这场比赛是篮球运动员和有严重残疾的孩子共同参与的。"她告诉我，"他们给布兰登也分配了一名运动员，他们在一起打了一小会儿。然后孩子们就要分开了。"她看到布兰登有些沮丧，他问妈妈他们可以回家了吗，凯尔曼说可以了，并问到他为什么不高兴。

布兰登没有立即回答，但在回家的路上，他用响亮而清晰的声音说了凯尔曼这辈子都不会忘记的话："你为什么非要给想和我交朋友的人宣传我的残疾？我为什么要一直跟别人说我是残疾人？他们为什么就不能成为我的朋友？为什么正常的人就不能成为我的朋友？为什么和我交朋友的人都必须为我感到难过？我厌倦了跟别人说我是残疾人。"

凯尔曼连忙说："天哪，你说得对，你说得对。"

"别再带我去那些残疾孩子的团体了，我不想再以残疾人的身份参与别人的活动了。"布兰登告诉她。

凯尔曼听着，她用心地听着。"这是我头脑中灵光一现的时刻……他跟我说了这些，我以前从没想过这样做会伤害到他。我以为我的使命就是要让他找到归属感，但他跟我说了相反的想法，现在我更理解他了，我会尊重他的要求。"

尽管她付出了那么多努力，凯尔曼发现她还是没能改变布兰登，没能改变布兰登的感受，她真的得去理解真正的布兰登了。

凯尔曼分享这个故事就是为了说明我们必须看到孩子真实的样子，倾听孩子真实的心声："真正地去倾听孩子，他会告诉你他是谁。"

最重要的是我们知道所有的父母都希望自己的孩子是个优等生或学校里最好的运动员，但实际上这只是父母的希望。这样的期望对我们的孩子来说并不公平。我们要欣赏和珍惜孩子本来的样子——全部的他们——不仅仅是那些让我们自豪的部分，还有那些让我们不舒服的部分。我们必须培养对孩子的接纳和无条件的爱，真正让我们的孩子成为他们自己，成为他们注定要成为的人。

帮孩子感受到你的接纳

你还记得"感知接纳"这个术语吗？如果你已经明白了如何接纳孩子的全部，无论他是谁，那还有同样重要的一点是你还要弄明白怎样让你的孩子感受到你的接纳。这里有一些可以帮你起步的建议。

作为记者，我的任务是真正去倾听，尽力理解他人及其所处的境地。我发现这项技能在育儿中十分有用。倾听——真正地倾听孩子对我们所说的话——这是我们真正了解他们的方式。从倾听开始，也许每个孩子的情况看起来都不一样。首先弄清楚怎样才能让孩子开始和你交谈，你将迈出伟大的第一步。我的小麦肯罗——亚瑟，他在和我玩的时候会跟我交谈。在我们打篮球或玩追逐游戏的时候，他会敞开心扉。当你给孩子找到了那个交谈的空间，他就会告诉你他是谁。

其次，让你的孩子做自己。通过肯定他们和表达好奇心的问题来观察孩子，支持孩子，从而承认他们是什么样的人：

- "哇哦，我喜欢你现在的样子。"
- "你为自己做了很棒的选择。"
- "对你来说现在最重要的是什么？"

接纳孩子本来的样子，不要试图去改变他。了解他的目标，帮他成为最好的自己。认真地问自己："我的孩子到底是谁？"

每次出现冲突或压力的时候，可以和孩子谈谈他们的感受。当孩子身处困境时，花时间和他聊一聊。告诉他你理解他正在经历的挫败感，然后让他跟你说说他的其他感受。你可以问类似这样的问题："你感到悲伤、生气，或是其他什么吗？"以及"我怎样可以帮到你？"在家里尽可能地多练习这类对话，从而让你的孩子适应和你进行这种讨论。要有耐心，保持积极的心态。基于我以前当老师的经历，我发现告诉孩子每个人都会按自己的节奏来了解自己，这一点是非常重要的。你可以告诉孩子，在他成长为自己想成为的那种人的过程中，要对自己有耐心。

教你的孩子学会爱自己，欣赏自己，即使有时候他觉得自己不配。自我同情能让你的孩子接纳自己，爱自己。无条件地接纳你的孩子，如果你没有做到，就向孩子承认你的错误，告诉他下次你会做得更好。

专家育儿建议：抛开先入为主的观念，只是去接纳

- 当冲突还在酝酿的时候，就阻止它。深呼吸，只是去接纳孩子的一切，也接纳不属于孩子的一切。
- 要勇敢，相信你的孩子现在就在他应该在的地方。不要试图去纠正什么。
- 从同情和无条件的爱开始，然后看看它会把你带到哪里。

教你的孩子学会自我接纳

当我说我是一个非常害羞、不善社交的人时，没有人相信我，但这是真的。这是我的一部分。不信你可以问问我丈夫，每次跟他去参加聚会或出席活动的时候，我都会要求他"不要把我一个人留下"。

现在，多年之后，如果我对你很热情或感觉跟你相处很舒服，我就可以轻松地谈起我的焦虑。每次当我谈起这些的时候，别人的震惊和怀疑很快就会随之而来。接下来就会抛出这样的问题：

"你到底是怎么成为电视记者的？"

"你在说什么？我从来没想过会有这样的事！"

"你是在开玩笑吧？"

错，我是认真的。那这个话题与育儿之间的联系何在？我，作为一个在努力接纳自己的成年女性，如何帮助我的孩子在生活中比我更容易地成长？我如何帮我的孩子在自我接纳方面奠定更坚实的基础？和以往一样，我们先从介绍相关的研究开始。

青少年教育与咨询中的自我接纳

你能想象这样一个世界吗？在这个世界中，批判和欺凌无法剥夺你孩子的自爱。并不是说你的孩子不会遇到这类人或不会经历这样的事，而是当他遇到的时候，他能不能自豪地站出来，内心充满安全感和对自己的自爱和同情？我们如何改变孩子对自己的看法？如果我们在生活中能培养孩子的自爱和自我接纳，那他们的世界就会是他们选择的模样。

赛宾·比彻（Sabine Beecher）曾经谈论过自我接纳是如何将我们的自我评价从他人的想法中分离出来的："自我接纳就是承认自己，认识到关于你的一切都是事实。这个事实是你的出发点，你从这里起步前行。有了自我接纳，你就可以看着自己说：'我不喜欢我身上的这个部位（我的鼻子），我很讨厌我身上的某个特征（我没有耐心）。

但我承认它们都是我的一部分。'在任何条件下……自我接纳就是你内心的安全感。"[51]

有了这种安全感，就有了建立复原力的能力，也有了拥有更好的心理健康状态及更高的幸福感的能力。复原力是个体从困境中恢复过来的一种能力，是一种心理韧性，可以让孩子从失望中振作起来，重新寻找一种更好的方式。如果一个孩子拥有复原力，失败和失望就不会是灾难性的。根据 2009 年的一项研究："在童年早期就促进孩子的自我接纳，可以保护或预防未来心理健康问题的发展。在孩子所处的环境中，父母和老师都可以教授并鼓励孩子实践自我接纳。因此，在儿童早期的教育中教授和促进自我接纳非常重要。"[52]

请不要忘记孩子的大脑处于持续发育的状态，这意味着他们是有可塑性的，可以在很小的时候学习。越来越多的证据表明，从孩子三四岁开始就可以培养坚韧的精神和自信感了。所以，你可以从孩子蹒跚学步的时候就开始教他们学会自我接纳。同样，你也不需要孤军奋战。在一些学校，有专门面向小孩子，培养他们的自我接纳，或者又叫"自我意识"的课程。孩子们通过一些课程来学习自我接纳的思想，这些课程可能包含关于怎样练习自我接纳的故事、活动或内容。杰克逊还在上幼儿园的时候，我就用过这样的课程资源。我一直坚持为我的每一个孩子写日记，下面是当时的一篇日记的开头：

2011 年 9 月 6 日

亲爱的杰克逊：

现在你在上幼儿园，有些日子你等不及要从车上跳下来，但还有些日子你又拒绝下车。今天就特别难，但是你给了我一丝灵感，让我想到了怎样去帮你。你脸上挂着泪珠对我说："妈妈，我太害羞了，不敢交朋友。"

当杰克逊跟我说这话的时候，我完全理解他的感受。我真想跑到他的幼儿园，帮杰克逊打败他的恐惧，看着他开心地玩。我还想邀请一位适合做朋友的孩子，给他们安排一场玩伴聚会。但我忍住了。杰克逊的幼儿园老师阿尼萨女士（Ms. Anissa）帮了我。老师没有让我帮杰克逊解决问题，而是要求他做了两件事：第一件，她让杰克逊邀请一个他想交朋友的人参加伙伴聚会。让我惊讶的是，他接受了这项任务，并顺利完成了。第二件，老师建议他画一幅画，描绘在学校里有很多朋友围在他身边的快乐的一天。然后这张画会被做成明信片，让他每天在上学的路上坐在车里看。

我仍记得杰克逊给我看这幅画的时候有多自豪。哪怕现在，当我看到这幅画，依然觉得它意义非凡。我记得那段时间对他来说有多难，我记得有些时候这幅画对他有效果，但有些时候也没作用。那时候我真的很想帮他，但是我知道我得让他自己帮自己。这种认识不是来自内心的感觉或某种顿悟；事实上，我必须战胜想帮他解决问题的冲动。相反，这种认识来自世界上最棒的幼儿园的管理者及其老师，我很幸运能认识他们。阿尼萨女士知道怎样让他自己帮自己。

我能来到这所绝佳的幼儿园绝非偶然。我找了很长时间，费了很大功夫，才给孩子们找到了这所最好的幼儿园。在本书第七章，我会毫无保留地分享我所知道的关于如何给孩子选择最好的幼儿园的方法，但是在这里，我要说的是在杰克逊的幼儿园，他们所有的活动都是以蒙台梭利教学法（Montessori Method）为中心的。蒙台梭利教学法的创始人玛利亚·蒙台梭利（Maria Montes sori）曾说过："人生最重要的阶段不是上大学的时候，而是人生第一个阶段，即从出生到6岁的时间。"[53]那段时间里，我看着杰克逊的成长，觉得这句话的真理性确实得到了验证。

现在，杰克逊依然是那个暖心，有时候又有些害羞、敏感的孩子。现在他上七年级，身边有很多朋友。在这个过程中，他自己的成长成熟功不可没，但我依然总是回想起他曾经的那幅画，我从他给自己脸上画的那个微笑中看出来他接受了自己本来的样子。他让这个世界变成一个对他来说更舒适的地方。他在3岁的时候就开始解决他能解决的事情，而且全靠他自己，那种赋权的感觉一直伴随着他。即使是在新冠肺炎疫情期间，他的自我接纳也在不断增强。下面是我给《你的青少年》(*Your Teen Magazine*)杂志写的一篇展示他成长的文章。[54]

纠正线路
——儿子重新发现了对高尔夫球的热爱

去年，我12岁的儿子杰克逊本来确定要去参加他在恩西诺少年联盟（Encino Little League）最后一个赛季的球赛。他期待着能拿下全明星队，就像之前的每个赛季一样，然后去库珀斯敦（Cooperstown）给他在少年联盟的经历画上圆满的句号。但疫情袭来，和我们所有人一样，他的生活也发生了翻天覆地的变化。

杰克逊从3岁开始就在打棒球了，他热爱棒球，但疫情迫使他得把自己的热情放一放。棒球搁置下来了，杰克逊又开始打起了高尔夫，这是孩子们可以玩的、可以保持社交距离的安全运动之一。他爸爸也很喜欢高尔夫运动，已经打了好几年了，现在杰克逊也喜欢上了这项运动。

接下来，杰克逊开始上高尔夫球训练课，并且找到了他梦寐以求的教练。詹姆斯（James）对杰克逊来说是最佳人选，他有耐心，球也打得好，是每个父母想要给孩子找的那种教练。那时候，杰克逊每周都想去上高尔夫球训练课。后来，符合防疫要求的锦标赛终于回归了，杰克逊准备好了要参赛。作为一个新手，他只能从南加州职业高尔夫球协会青少年发展巡回赛（The Southern California PGA

Junior Developmental Tour）开始。南加州职业高尔夫球协会青少年发展巡回赛又称"青少年发展巡回赛（JDT）"。这次巡回赛让他有机会学到如何打锦标赛，让他开始习惯比赛，并作为一名高尔夫球手成长。

杰克逊是个很好胜的选手，他总是想去实现更多，所以他很快决定要继续参加下一场巡回赛，即南加州职业高尔夫球手巡回赛（The Southern California PGA Players Tour），他和更有经验、更强的对手打了18洞锦标赛。要继续发展的话，高尔夫球手必须参加至少3次青少年发展巡回赛，打出高于标准杆7杆的最高成绩。杰克逊已经实现了他的第一个目标，准备好和更优秀的选手比赛。至少他是这样想的。

但是，曾给他带来快乐的高尔夫球现在却让他感到心灰意冷、筋疲力尽，打球变得不再有趣。他进入了瓶颈期，开始失去自信——也在失去他对高尔夫的热爱。经历了艰难的几个月后，杰克逊决定跟我和丈夫谈谈。我想着他可能会说他不想再打高尔夫了，至少当下不想再打了。但没想到，他问自己能否倒回去参加青少年发展巡回赛。

我们好胜的孩子想清楚了他需要怎样做才能"找回他的快乐"。杰克逊继续说他觉得自己需要更多的时间参加发展巡回赛，他想再体会一遍在锦标赛中获胜的感觉。他想重新追寻以前获胜时所体会到的喜悦。他不在乎别人说他倒退了，对他来说，这无关失败，也无关要变得足够强——他只是想遵从自己的内心，去做能让他再次为比赛感到快乐的事。

重新回到更低阶的青少年发展巡回赛后，杰克逊已经赢得了三次锦标赛，并且几乎在每一项赛事中都能进入前三名。如今他依然会参加发展巡回赛，但也开始参与美国儿童高尔夫球锦标赛（US Kids Golf Tournaments）这样的比赛了。在参加这类锦标赛的时候，杰克逊打的是18洞比赛，他在世界上最好的兄弟，他的爸爸，在给他当球童。虽然他还在继续提高自己的球技，但他已经开始去涉及更广泛的层面了。

我从这段经历中学到的是：通过给孩子自由选择要参加的活动的权利，并在需要时让他自己纠正路线，他学会了追随自己的内心。他是怎么到达这一步的并不重要，重要的是他走上了自己选择的路，听从自己的直觉，找到了让自己最快乐的方式。他学会了去信任自己。随着他的成长，我知道他正在学习找到自己的路，找到自己的快乐，无论生活将来会把他带到哪里。

男孩图书俱乐部

杰克逊在那段时间的旅程就是自我接纳如何提高复原力的一个例证。现在我想再分享一个真实的例子，是关于小孩子怎样构建自己的自我接纳与复原力，在他们成长和发展的过程中，学着如何在这个世界上成功地行进的。这个故事也在说明作为父母你可以怎么去帮他们。

众所周知，阅读是学习的基础之一。如果我们能在孩子很小的时候就把他们培养成自信的阅读者，孩子们就会更享受学校生活，取得更大的成功。我们都在学着按自己的节奏阅读，基于我之前当小学老师的经历，我知道尽早让孩子觉得阅读有趣、可以参与其中是多么重要。所以在我的孩子开始上幼儿园的时候，我就决定开始组织一个"男孩图书俱乐部"。听起来是不是对5岁的孩子来说太早了点？不，一点也不早。

在幼儿园，亚瑟的班里有8个男孩子，我们邀请这8个孩子都加入我们的图书俱乐部。大家都踊跃报名了。亚瑟作为第一次俱部活动的主持人,他挑了一本关于小狗的书,这是一本章节故事书,读起来有些挑战,但他就想读这本书。他想读这本书是因为我们刚刚养了一只小狗,叫阿迪生(Addison)。这对亚瑟来说很有意义,是他可以参与其中并与之产生联系的事。再提醒一下,在这个阶段,让孩子觉得阅读有趣并可以参与其中十分重要,所以我由着他选了这本书。

但我很快就收到了表达愤怒的电子邮件和电话,都是来自俱乐部其他孩子的妈妈的,她们说这本书对当中的一些孩子来说太难了,尽管有两个孩子觉得选这本书没问题。(孩子刚开始阅读就是这样,他们会觉得无从下手。)我很快就回复了积极的信息,鼓励妈妈们和孩子一起阅读,如果觉得内容太高级,就只是读给孩子听。毕竟,阅读就是阅读,不管是大人读给孩子或和孩子一起阅读,这都是孩子学习阅读的一部分。值得称赞的是,所有的家长最终都接受了自己的孩子在独立阅读旅程中的处境,并为此而努力。

事情解决之后,我们留了足够的时间,以确保每个人都能把这本书读完,然后我们安排了我们的第一次讨论会。我和亚瑟一起想了些可以问的问题,他们可以通过这些问题讨论这本书。我要说的是这群孩子很特别,他们都很开心地参与了讨论。他们互相讨论着,甚至达到了兴奋的状态——这招真管用!我心里暗想,他们都很兴奋——大多数时间我们都在参与讨论,男孩们和妈妈们都在讨论,但过了一会儿他们就进入了典型的男孩模式,最后以一场疯狂的足球赛结束了本次讨论会。

在孩子们上一年级和二年级的时候,我们的图书俱乐部继续存在。有时候选的书是畅销书,有时候是普通书。活动持续了一段时间后,有两个成员觉得这种活动不适合他们,选择退出。但我们很快又招募了两个孩子,以保证小组成员够数。

现在有趣的事情来了。在孩子们二年级的那个6月,其中一个男孩主持了本学年的最后一次图书俱乐部活动。到这时,他们加入俱乐部已经有三年时间了，每次活动已经有固定的程序了。在讨论会开始之前，父母都在里面待着，聊着天，吃着零食，喝着酒——这是图书俱乐部的又一个好处，至少对父母来说是这样。孩子们在外面正忙着玩一种看起来像橄榄球的激烈游戏。我走到外面，听到主持人的妈妈说："孩子们，讨论会的时间到了，等结束了你们可以继续回来玩。"

孩子们很快都聚到了台阶跟前，我就在旁边的一张长椅上坐着，主持人的妈妈被叫去给一个更小的孩子找喝的去了。接下来，奇迹发生了。

主持这次活动的男孩站到桌子上（因为孩子们都是这样做的），开始召集会议，手里拿着他那张写满问题的纸。这些问题都是他自己写的——他爸爸后来告诉我们，全是他自己写的，没有爸爸妈妈的帮助。这个孩子继续讲每个人将以什么顺序回答问题。每个孩子都有一个编号：第一，第二，第三，以此类推。每个人似乎都赞成这个孩子的指令，然后他们就开始了，一轮接一轮地问答，每个人都参与其中，每个人都开心地笑着，每个人都不停地说着。

通常情况下，我是那种会参与讨论的妈妈，但这次有些不同。有几个父母就在里面待着，没有出来到台阶上看他们讨论，也没有参与其中。在外面的那几个父母也只是忙着聊夏令营报名的事，几乎没有关注孩子们的讨论。

所以孩子们只是在进行他们自己的讨论会。他们谈论着这本书，大声地表达着自己不同的见解。没有一个父母参与其中，从始至终。这些孩子都是七八岁的年龄。你明白这里发生的事情了吗？研究表明，在课堂之外，为孩子们提供培养和练习自我接纳的空间是至关重要的。当这些孩子不靠父母而是自己组织图书俱乐部的活动时，他们正在构建自我接纳。他们不需要我们在那里（除了也许需要送他们回家）。他们完全在自主地做这件事情，这真的让人很意外。

这些小家伙现在知道了自己的观点在世界上很重要，他们可以参与到他们组织或为他们组织的会议当中,他们可以在校外的公共演讲中表现得很自信,接纳自己真实的样子。最重要的是,他们学会了去接纳彼此,接纳这个过程——再说一次,在教室外面,没有人在乎谁是最好的朗读者,谁的发音最清楚。我之前也曾在幼儿园当过老师,我知道男孩子在阅读的流畅性上差异较大,可能在阅读方面存在自我怀疑、担心或是焦虑。但这只是一种他们才刚刚开始练习的技能,他们只是简单地去接纳彼此,反过来他们也感受到了接纳彼此带来的安全感。这个活动的好处还有很多很多,我喜欢看到我所看到的这一幕!

在我写这部分内容的时候,距离当初组织图书俱乐部已经有7年时间了,这些孩子也都已经上六年级了,但图书俱乐部依然如期举行着。在此我要为这些孩子对图书俱乐部的付出点赞!

专家育儿建议:教授自我接纳

● 给孩子介绍"自我接纳""复原力"这些术语的定义。一旦孩子知道了这些词的意思,你就可以在关键的教育节点去用这些词。

● 每天都要练习自我接纳。用"我在学习和成长,我会做好的"这样的话来给孩子做榜样。

● 及早地教孩子构建复原力。让幼儿在你的监督下做一些适合他们年龄的任务,比如洗澡时用毛巾洗身体。

● 用孩子的水平和他们交谈。当孩子说"我不会骑自行车"或"我不会阅读"的时候,你可以说:"你说得对,你还不知道怎么骑自行车,但你正在学习。要对自己有耐心。"

● 教孩子和你交谈。交谈时看着他的眼睛,倾听他关心的事情,这样他就知道你很重视他所说的话。

● 如果孩子犯错了,时机合适的话你可以以后退一步,让他自己解决自己能解决的事。之后对他进行表扬,要让他为自己的成就感到骄傲。

●多和聪明能干的老师、朋友或父母打交道,爱你的孩子、关怀和理解你的孩子的人可以把你的孩子塑造得更好。

●给孩子示范同理心。结合孩子的处境,给孩子讲你小时候的故事,让他明白他并不是唯一一个有这种感觉的人。

●在孩子构建复原力的过程中要允许孩子犯错。让孩子明白即使他没有比赛可以参加,但无论他犯了多少的错误,他依然拥有你的爱和接纳。

●和孩子一起阅读,陪孩子一起看电视。从书中或电视中找到一些不幸的角色,他们尽管身处逆境但依然在努力,从未放弃,帮你的孩子去认识他们,并让孩子对他们怀有同情。

从现在开始,关心孩子的心理健康

在我们继续培养孩子的自我接纳能力的同时,除了要关注情感复原力,关注心理健康和身体健康也很重要。关于身体健康,我们已经做了很多了。作为父母和老师,我们从孩子上幼儿园时就跟他们说要注意安全,注意身体健康。我们教育他们要做"身体的主人"[这话是由著名作家、教育家帕蒂·菲茨杰拉德(Pattie Fitzgerald)所说[55]]。我们会用符合他们年龄特征的语言谈论他们的隐私部位:比如我们会说"小鸡鸡""尿尿"。我们不停地谈论着他们的身体健康,给他们补充营养,让他们上健身课。

但涉及心理健康时,我们的孩子——尤其是那些12周岁及以下的孩子——和我们做父母的一样,只能自己照顾自己。当我们的孩子十几岁时，我们已经做好准备要应对他们表现出的心理健康问题，但如果父母早点开始，许多问题是可以预防的。我们需要改变这种模式，把同样多的注意力放到学龄前儿童的身上，放到幼儿园孩子的身上，放到一到五年级孩子的身上。我们必须积极地教导他们如何照顾自己的心理健康，如何关注自己的幸福感，就好像他们生命的发展取决于这两样东西一样。我们必须教育我们的孩子进行积极的自我肯定，帮助他们避开有害的思想、语言和行为。因为如果你看一下相关数据的话，就会觉得我们没有多余的时间可以去浪费了。

孩子的心理健康

根据美国疾病防治中心最近的一项报告，从 2020 年 4 月开始，在 5～11 岁的儿童中，与常规就诊的人数相比，与心理健康相关的就诊比例增加了 24%；在 12～17 岁的孩子中，与心理健康相关的就诊比例比 2019 年增加了 31%，而这个数据在 2020 年 10 月继续保持飙升态势。[56] 当然，这一趋势确实反映了疫情给我们带来的创伤。但是如果你看看疫情袭来之前的数据，就会发现在那之前我们的孩子就已经在遭受欺凌，接触不健康的社交媒体，承受着学业成绩的压力。这里有一组更令人不安的数据：在 2007 年至 2018 年期间，10～24 岁人群的自杀率增加了近 60%。根据美国疾病防治中心的数据，自杀是 10～34 岁人群死亡的第二大原因。[57]

如果我们想要走到这种令人不安的趋势前头，我们必须积极主动，想得更全面一些。处理孩子身上出现的常规心理健康问题就已经让人筋疲力尽、望而生畏、压力巨大。那么，我们为什么不看看现在我们所处的位置，在这些问题出现之前就开始重新思考心理健康教育和预防工作呢？以下是几点你可以开始这样做的建议：

首先，我们要明确讨论与心理健康和幸福感相关的话题。我们必须清楚地、经常性地告诉孩子，心理健康与身体健康和安全同样重要。

　　第二，要给12岁以下的孩子教授拥有更高的心理健康水平的策略。我们可以通过教师培训及父母教育的方式，帮助父母和老师学会如何在家里及学校里应用这些技巧。我们可以利用课本知识和学校课程教育孩子、父母及家人。

　　第三，作为孩子生命中的成年人，我们要向孩子示范自爱与自我同情。我们从研究中得出，同理心、同情心和爱心都是可以培养的。当你学着爱自己时，你可以更好地照顾自己，不仅仅是在身体上照顾好自己，还可以在心理上照顾好自己。你的孩子看到你所做的事情，会向你学习。

　　所有这些似乎都是巨大的，甚至是让人费力伤神的任务，但我们别无选择。我们必须改变我们看待孩子心理健康的方式，改变与之相关的所有策略与教育方法。然而，并不是说你现在马上就得解决所有的问题，与心理健康相关的问题之多，整本书都写不完，更别说只是这一章了。不过，我会深入探索一种可能的心理健康问题，你可以通过以上步骤来应对——现在就开始吧。

　　正如我在本节内容最开头所说，我们经常主动地和孩子一起应对与身体健康相关的问题。饮食和运动是最重要的两个方面。但是，社会上处理肥胖及饮食等身体健康问题的方式，常常会引发心理健康问题，也就是解决一个问题的过程中又产生另一个问题。我并不是说我们不需要关注孩子在吃什么，他们是否在锻炼，我们当然需要关注这些。我在这里想做的是教你如何以一种既保护心理健康，又照顾身体健康的方式来关注孩子的营养和健康。

> **专家育儿建议：促进儿童心理健康的策略**
> ●管理情绪，包括你的情绪和孩子的情绪。识别情绪，理解情绪，感知情绪，然后转向更积极的情绪。如果可能的话，通过问一些有深度的问题，并向孩子示范可能的答案，

065

帮你的孩子完成这些步骤。

● 运用深呼吸及正念冥想策略帮你的孩子回归平静。

● 让你的孩子记录他们的想法及经历。大一点的孩子可以写日记,小一点的孩子可以在你的帮助下画画或写一些简单的句子。

● 在日常生活中讨论心理健康问题,问孩子有关他们心理健康的问题,并和孩子谈论你自己的心理健康状态。

● 对自己进行心理健康教育。你可以读书、读文章、看视频及纪录片。关于心理健康的信息非常多,就等着你去查询。

● 利用专业的心理健康服务。有执照的心理健康治疗师拥有丰富的专业知识,可以处理你作为父母无法应对的问题。让他们成为你和孩子的资源。

营养与健康:守护身心健康

在我们遇到的与身体健康相关的心理健康障碍中,大多数都是由对当今世界营养和健康所面临困境的担忧引起的。一旦你明白了这些困境都有相应的解决方案,就可以更容易地以保护孩子心理健康的方式和他们谈论这些问题。所以在谈与心理健康相关的问题之前,我们先来谈谈饮食。

我不知道你是怎样的,反正我在当妈妈之前,是不关注糖的摄入量或最佳营养饮食的。在我是个忙碌的大学生的时候,我一般都是边走边吃。后来我当了记者之后,总是在路上吃饭。在采访、写作和现场拍摄的间隙,我都是有什么吃什么,以最快的速度胡乱塞几口。我一直吃的基本上都是最难吃的垃圾食品。

到我当了妈妈之后,当然,我们都知道孩子需要水果、蔬菜和一些可以补充蛋白质的东西,但很难把这些知识付诸实践——并且越来越难付诸实践。当提到那些包装食品，甚至那些所谓的健康食品时，我非常地困惑。而困惑的不只有我一个，接近59%的消费者都理解不了食品包装上的营养成分标签[58]。我尽力和孩子一起在家里吃饭，这样至少我能看到他们吃到身体里的是些什么。但是，我带回家的或我们在外面吃的东西都不是最好的，我当然知道这一点。我需要一些真正的帮助。

儿童肥胖

作为父母，我们有充分的理由参与监督孩子的饮食。举个恰当的例子，从20世纪70年代以来，美国有肥胖症儿童的比例增加了3倍多。今天，大约有17%的儿童体重超重或属于肥胖。[59]毫无疑问，这一趋势引起了许多家长的担忧，这种担忧是有原因的。除了会引起心脏病、2型糖尿病、癌症等长期健康问题之外，儿童肥胖症还会引起"更直接的健康风险"，比如哮喘和睡眠呼吸暂停等呼吸问题、关节问题和肌肉骨骼不适等，甚至还会引起心理健康问题，如焦虑、抑郁、自卑等。[60]而且现在我们还知道肥胖也会影响大脑发育。

有一项由美国国立卫生研究院（National Institute of Health）资助的研究，该研究在10年时间里追踪调查了1万名青少年，在2017年，从3190名9岁和10岁的孩子当中分析了结果。该研究发现肥胖儿童的前额皮质往往较薄，这是大脑中控制记忆、规划和决策的区域。[61]由于大脑发育最重要的阶段是童年期，所以我们对这一调查结果不能掉以轻心。那作为父母我们可以做什么？

首先，我们要区分添加糖分和天然糖分，这点很重要。但讽刺的是，糖是个问题，关于这个事实没有任何的粉饰。你知道吗？美国人平均每天摄入88克添加糖，这个量相当于每日推荐量的7倍。从某种意义上说，这一趋势大大简化了我们面临的问题。减少孩子饮食中添加糖的量，这是改善孩子整体身体健康、提高幸福感最快、最简单的方式。例如，许多减少了饮食中添加糖量的人表示，减少添加糖量后他们的情绪得到了改善，体重有所减轻，疲劳感较之前有所降低。

有些水果、乳制品和一些蔬菜在加工前就含有糖分，我们把这种糖分称为"天然糖分"。可以这么说，在所有经过加工的食品当中（如苏打水、糖果、麦片等），大多数糖分都属于"添加糖"。这对我们孩子的影响是什么？不幸的是，从早餐开始，我们上商店里买到的麦片的含糖量比甜点还高。在某些情况下，一份麦片中含有高达20克的添加糖。

根据美国心脏协会（American Heart Association）的说法，儿童每天摄入的添加糖不能超过25克（大约就是6茶匙的量）。你在实际生活中是怎么落实这一点的？要日复一日地坚持，每天只摄入25克。因为添加糖无所不在，要限制摄入量并不容易。至少于我而言，这是我作为父母很难完成的事情。但是在当今世界，我们必须去努力这样做，有一个很好的起点就是让孩子思考并理解自己在往身体里吃什么。

2012年，我上了健康饮食速成班。当时我正在采访注册营养师及营养学家梅丽莎·霍伯（Melissa Hooper），她专门处理儿童肥胖问题。

从一开始就教育我们的孩子，这是非常必要的，从而让他们可以掌握自己的饮食习惯和体育活动。梅丽莎·霍伯建议你可以问孩子这样的问题："你今天应该摄入多少的添加糖？现在你已经摄入了多少了？"这些问题可以让孩子思考自己的健康，而不会觉得你作为父母对他有先入为主的偏见。

在你购物的时候，孩子可以挑选他们想要的东西。但当你看见他们挑选了什么东西后，要告诉他们："请你给我读一下盒子上写了多少的添加糖量，每一份的糖量是多少？"因为霍伯的建议，我从杰克逊和亚瑟四五岁开始就一直在这样做。现在，对他们来说，这就像早晚刷牙一样深植他们的内心。对，我们只不过是在看商品包装上的营养成分标签。但这样做让他们对自己的身体健康有一种责任感和主人翁意识。

也许你读到这部分内容的时候，心里在想："得了吧，你的孩子怎么可能每天只摄入25克的添加糖？"要知道你不是唯一一个会这样想的父母。考虑到我们现在大多数食品的生产方式和包装方式，这几乎是一项不可能完成的任务。在我们家，我们依然没有破解怎么才可以每天只摄入25克添加糖的密码。但我们很清楚我们吃进身体里的是什么，我们不需要对我们吃的东西进行检测或称重就可以知道这点。这让我们更加关注养成健康的习惯，而不是过度关注这些原始的数据。霍伯表示："这不是关于严格的25克的事，是关于健康知识，关于在我们生活的世界中做出更健康的选择的事。这是关于寻找享受生活的方式的事，只是不要过度享受。"

在此我还想谈一谈饮食失调。我们生活在一个注重身体形象的社会，这种压力会增加孩子饮食失调的风险。这里有一组来自约翰·霍普金斯儿童医院（Johns Hopkins All Children's Hospital）的数据：

- 在美国，有3000万人饮食失调。
- 在饮食失调的人当中，有95%的人年龄在12～25岁。
- 饮食失调是所有精神疾病中死亡风险最高的。
- 饮食失调影响所有性别、种族和民族。
- 遗传、环境因素和性格特征都是导致饮食失调风险的因素。[62]

约翰·霍普金斯儿童医院的莎拉·斯特龙伯格（Sarah Stromberg）博士表示："重要的是要记住，饮食失调既是医学疾病，也是心理健康疾病，所以要儿童或青少年靠自己恢复是很难的。他们需要接受治疗和来自家人持续的支持。这意味着父母不应该去回避密切监控孩子或青少年的饮食行为。父母应该确保他们的孩子每天摄入各种各样的食物，并获得足够的营养。"[63]

当你在家里努力培养营养和健康的饮食习惯时，请记住平衡的教学方法有利于塑造你的孩子、青少年及刚刚成年的孩子。你作为父母，可以提醒孩子即使他的体重与周围孩子有所不同，但他依然很好看，从而来降低饮食失调的风险。

不考虑饮食和运动，有些孩子天生就比别的孩子体重要重，也许知道这一点对你会有帮助。影响儿童肥胖的因素除了饮食外，还有遗传、新陈代谢（指你的身体把食物和氧气转换成能量的过程）、运动、环境因素以及社会与个体的心理态度。重要的是不要执着于让你的孩子体重要达到多少磅，和家庭医生一起确定对于你的孩子而言，应达到怎样的健康体重，以及哪些平衡因素可以帮他达到这样的体重。

这里还有一些建议。首先，在家里谈论吃是为了享受。作为一名意大利妈妈，我认为食物在我们的文化中有很重要的地位。"Mangia"（意大利语中的"吃"）这个词在我们家很常用。我当然不会剥夺我孩子的糖果和纸杯蛋糕，尤其是过生日或有其他特殊活动的时候。在这样做的时候，如果你用心的话——教你的孩子也要用心——是很有可能达到平衡的。比如教孩子这样说："如果我现在吃了这个，那我今天再不能吃糖了，因为我想照顾好自己的身体。"霍伯也鼓励父母谈论食物就是燃料这一事实，食物可以让你跑得更快，长得更壮，感觉更灵敏。我的孩子就特别喜欢谈论食物的这些好处，因为他们就是为运动而生的。

我控制糖摄入量的方法还有一种，至少在孩子上学期间，是打包一份健康的午餐。如果他们只有健康的选择，那他们就只能吃健康的食品。

我还发现种一个菜园可以让孩子们尝试新的蔬菜和水果。我们在菜园里种的很多蔬菜和水果一直都受到孩子们的欢迎：哈密瓜、南瓜、甜椒、罗马西红柿、薄荷、罗勒和迷迭香。当然我并不是一个园艺高手，我永远也不会宣称自己是园艺高手。但是有一年，在误打误撞走了好运的情况下，我们的一个新菜园里长出了一种非常奇妙的西瓜。亚瑟很喜欢看它慢慢长，长啊长……一直长到可以采摘的日子终于到来。亚瑟相信这就是他梦想中的西瓜。然后我们尝了一下，但最后发现这个西瓜，用杰克逊的话说："难吃到恶心。"我当初选的是白瓤的西瓜株，事实证明，它不像我们常吃的普通红瓤西瓜那么甜。下次我们就要普通西瓜，不要华而不实的这种。

如果说你吃得已经很健康了，那运动方面呢？一次中等强度到剧烈强度的体育活动可以改善睡眠，促进记忆，提高思考和学习的能力，此外还可以缓解焦虑症状。我们再说得简明一些：不动的孩子容易有不健康的生活方式。我明白如果你的孩子不属于"运动型的"，要让他们动起来就更难了，但还是要选择一项运动，开始去做。如果没有别的运动，就选散步吧。在社区周围散步，步行去上学。散步是一种很好的锻炼身体的方式，不需要特殊的技能、昂贵的设备或健身房的会员，你就可以获得诸多健康方面的好处。

觉得这不足以让你信服？作为育儿记者，如果我不报道一名18岁孩子的非凡故事，那就是我的失职。这个孩子就是迈克尔·沃森（Michael Watson），他是俄亥俄州坎顿市的一名高中生。沃森一直在和他的体重做斗争，但在高中读第二年的某一天，他决定做出改变。"当我看着镜子里的自己，"沃森说，"我觉得自己做好了准备，完全想好了，'我不能再节食失败了。'"[64] 他开始每天步行上下学，往返40多分钟的路程。不管艳阳高照还是倾盆大雨，他都坚持步行。沃森也在饮食上做出了改变，他和爸爸一起学着计算食物中的卡路里，然后放弃了他常吃的快餐，转而吃沙拉、燕麦片和汤。仅仅通过改变饮食和坚持步行，沃森就减掉了115磅，这一消息成了所有新闻中的头条。是的，就是坚持步行。

这只是一个例子，还是比较极端的一个例子，但它说到了点子上。教育孩子知道他们吃进身体里的是什么，这一点很有用。运动也很有用，不需要那么复杂或高难度的运动。教育孩子关注自己，尤其是身体上的自己，这是我们育儿旅程中的一部分。我们可以塑造孩子，让他们做出更好的决定和更健康的选择。所以，让我们都付诸行动，成为启发孩子的榜样。请你想想你的情况，想想在教育孩子关注饮食和健康的同时，怎样在家庭菜单中引入健康的选择。你需要采取一种平衡的方式。别忘了本章的主题是接纳，孩子必须感受到来自别人的爱，认可他们自身的美丽。没有人能在饮食和运动上做到尽善尽美。（我们把尝试尽善尽美的机会留给健美运动员，或者奥林匹克运动员。）

专家育儿建议：饮食和营养

- 经常谈论食物和营养。
- 偶尔告别快餐。
- 和孩子一起做饭。在厨房里做孩子的榜样，经常和孩子谈论准备一顿健康的饭菜。
- 种一个菜园。
- 参加体育运动。远离科技，走到户外，以任何你可以做到的方式活跃起来，至少每天一次。如果没有别的运动可以参加，就选择散步。
- 练习专注进食。让你的孩子自己决定吃什么，吃多少。你不在的时候，他说了算！
- 教你的孩子爱他的身体和大脑，并照顾好他的身体和大脑。
- 重复积极的肯定，比如说"作为一家人，我们提倡身体健康及积极的心理健康状态"，"平衡营养、积极运动是我们的一种生活方式"。

C.A.S.T.L.E.

第三章

安全感

当孩子感到安全时，他就敢去冒险、提问、犯错，就会学着去信任他人，分享自己的感受，最终获得成长。

——埃尔菲·科恩（Alfie Kohn）

我们都需要安全感才能在这个世界上茁壮成长，而孩子的成长状况取决于他得到的安全感。孩子所处的环境决定了他是否感到安全。在我们谈论好的育儿方式时，父母显然应当首先确保孩子的人身安全。拥有人身安全能让孩子知道他的需求会被满足，他有饭可吃，有房子可住，能得到父母的保护，会有机会上学。但情绪安全也同样重要。孩子需要知道他可以表达自己的情绪——不管是好的情绪，还是坏的情绪，抑或介于两者之间的所有其他情绪。此外，孩子也需要固定的生活方式所带来的稳定感。父母应当为孩子提供世界上最安全的"安全区"。给孩子提供安全感是我们父母拥有超能力的体现，而成功给孩子提供安全感最终会让孩子的能力也得到发展。

关注我们的情绪

因为情绪安全这类的话题不是大多数父母所熟知的内容，所以我把它作为本节的核心焦点。在我们讨论这个重要话题的时候，要知道我们在这里所说的没有什么好坏的定论。城堡法则关注的就是作为父母我们如何能取得进步，看看与情绪和情绪安全相关的研究如何能帮助你和你的孩子，以及你们全家人。

美国心理学会（American Psychological Association）把情绪安全定义为一种安全、自信、无忧无虑的感觉。[65]让我们说得更切实一点：我们每个人在遇到挫折、感到压力时都可以尝试表达情绪，管理情绪。如果你能学着更好地表达自己的情绪，你的孩子和你在一起时会更有情绪上的安全感。一旦他们拥有了情绪上的安全感，你的孩子就会更好地分享自己的感觉和情绪，从而获得许多积极的心理健康方面的益处。

和往常一样,我们先来了解研究者对大脑进行的研究,以及大脑是如何处理情绪的。神经学家彼得·普莱斯曼(Peter Pressman)博士这样描述:"大脑处理情绪有一系列的步骤。首先,传入的信息必须被评估,并赋予相应的情感价值。这个过程通常非常迅速,可能我们都没有意识到。即便如此,我们最初的情绪反应取决于几种个人偏好及所处的环境。然后我们就可以识别并感受到相应的情绪。但受制于社会情形,我们可能不得不调整这种情绪的表达。例如,有时我们可能想表达愤怒或厌恶的情绪,但又不得不保持冷静。"[66]

当你遇到了控制情绪很关键的情况时(比如,当你的孩子在公共场合大发脾气的时候,或者拒绝写家庭作业的时候),你可以通过一些简单而健康的步骤来帮助自己感受情绪,管理情绪,并转向更积极的情绪。你可以尝试以下策略,这些都是我从各种资源中提炼出来的:

1. 识别情绪。问自己:"我快乐吗?我悲伤吗?我沮丧吗?我害怕吗?诸如此类。"

2. 允许自己去感知那种情绪。没有一种情绪是错误的,它只是一种情绪。

3. 理解情绪。问自己:"为什么我会感到沮丧?"

4. 管理情绪。管理情绪的方式有深呼吸、写日记、告诉自己这种情绪会消退——所有这些都是有科学依据的策略。

5. 试着转向更积极的情绪。你不可能一下子从沮丧的深渊到达喜悦的巅峰,但你可以试着从沮丧转到更加平和的状态,能对自己说"我没事,我很好,我能渡过这一关的"。

允许我们的情绪被感知,而不是直接忽视它们,这样做能给我们提供自身所需要的情绪安全。孩子必须能表达自己的情绪,不受到父母、看护者、教练、老师或他们世界里任何其他成年人的阻拦。我们必须接受他们表达自己的情绪,因为这是生活中自然的一部分。

当我们能给孩子示范这种行为时，情绪安全会深植他们的内心，并让他们终身受益。

我顺便告诉你一个小秘密。有时候我自己也做不到的时候，孩子就会这样说："妈妈，妈妈，妈妈！你跟我说过我可以告诉你我的感受，可以表达我的感受。现在我告诉你了，你在听我说吗？"

如果你确实在尽力把这些健康的情绪模式落到实处，那有时候你没做到位，来自孩子的一句提醒就会让你马上回归正轨，即使是在你情绪崩溃的时候。当你的孩子给你上了一课时，你可以告诉自己："好吧，我确实很沮丧，但沮丧是正常的。我不喜欢孩子的行为，但我会深呼吸。这一关会过去的，让他感知到自己的情绪。"

在这里，我想再补充一点关于男孩子的情绪的注意事项。"男儿有泪不轻弹"这一刻板印象已经持续影响了好几代人，所以社会的预期是男孩子不表达自己的情绪，通常也不允许他们去表达自己的情绪。

男孩子在情绪上和社交上是如何发展的

斯坦福大学教授何淑娴在她的著作《当男孩成了男孩》（*When Boys Become Boys*）中解释说："通常被视为是男孩'天性'的行为实际上反映了对文化的适应。我们的文化要求如果他们想作为'真正的男孩'被接受，就必须坚忍、好胜、好斗。但是即使他们因为遵守男性行为规范开始享受相应的社会利益，他们也得因为放弃部分人性，而在心理上和人际关系方面付出代价。"[67] 在某种程度上，他们得到了别人的接纳，从中得到了利益。但他们付出的代价通常包括同理心低，理解他人情绪的能力不足，培养有意义的人际关系的能力也比较欠缺。

下面我们详细了解一下神经学家在有关"天性与文化"的争论中发现了什么。"对婴儿的研究表明，从神经学的角度来说，男孩和女孩在同理心能力方面没有太大区别。但是，神经学家表示，因为女孩被允许表达自己的情绪，所以她们识别和理解自己以及他人情绪的能力较强，这种能力进一步培养了她们的共情力，所以女孩在共情力方面超越了男孩。"[68]

为了了解婴儿阶段之后发生的事情，何淑娴博士对6个男孩进行了为期2年的研究。何淑娴博士选择从他们四五岁时开始研究，因为在这个阶段，男孩子开始脱离他们的情绪和关系。刚开始的时候，这些男孩能很好地理解情绪——包括他们自己的情绪和别人的情绪。他们也想知道，并且的确知道如何培养有意义的人际关系。然而，幼儿园上到一半的时候，他们不再展示出这些情绪技能了，他们的行为转而变成符合传统男性规约的行为。何淑娴博士总结说他们这样做是为了给别人留下深刻印象，也是为了维系别人对自己的接纳。[69]

禁止男孩子表达自己的情绪，这不仅会影响到我们的男孩，也会影响到我们的女孩，尤其是等他们长大之后发展起关系并组建家庭的时候。如果你家也有男孩子，请反观自己对他抱有什么样的期待，他应当有什么样的行为表现，应当如何表达自己的情绪。他本人以及他未来的家庭都会感激你。

建立亲子关系

我在前面谈到过分享情绪的重要性。这种分享通常的结果是和孩子之间建立牢固的纽带，这一纽带也是同样必要的。用知名发展心理学家尤里·布朗芬布伦纳（Urie Bronfenbrenner）的话说："为了正常发展，孩子需要与一个或多个和自己有非理性情感关系的人进行越来越复杂的联合活动。肯定会有人很喜欢这个孩子。这个孩子对他而言是第一要务，是第一个，也是最后一个，并且一直都是他最喜欢的孩子。"[70] 与孩子建立坚实的、无条件的、充满爱的关系会在你们之间创造一种更深层次的情绪安全。

我和两个儿子之间就有那种"非理性的情感关系"，我敢打赌你和你的孩子之间也有这样的关系。这种关系有时候会让人觉得不合逻辑，甚至不合理，用布朗芬布伦纳的话说是"非理性"，如果你觉得自己应该后退一步，遏制你内心想要保护孩子的冲动，那先等一等。如果你看到相关的研究结果的话，你就会知道你可以相信你的直觉，它会指引你走上正确的道路。你给了孩子他最需要的东西：你无条件的爱。

创造建立良好关系的环境

哈佛儿童发展中心表示："和关爱他的成年人建立滋养性的、稳定的关系，这对一个人的健康发展至关重要，这种发展从出生就已经开始了。早期建立的安全的依恋关系会促进多项能力的发展，包括热爱学习，自我感觉良好，积极的社交技能，长大后成功的人际关系，以及对情感、忠诚、道德和人际关系其他方面的深刻理解。简言之，和成年人或其他孩子之间建立成功的关系会为孩子的各项能力奠定基础，这些能力是他们将来一生会用到的能力。"[71]

人们很容易陷入忙碌的陷阱，但无论多忙，都要对孩子表现出真正的兴趣。事实上，你能陪孩子的时间只有很短的一段。研究表明，如果孩子至少有父母中一方或看护者的陪伴——或出现在孩子的生活中——他就可以茁壮成长。对儿童发展的纵向研究表明，预测孩子成长结果的最佳指标之一——从幸福、社交和情感发展、有意义的人际关系，以及学术和事业上的成功来说——是在生命早期接受过体贴的、支持性的关爱。[72]

专家育儿建议：表现出对孩子的兴趣

● 陪伴孩子——包括身体上的陪伴和情感上的陪伴。暂时远离科技，投入到日常的对话中。

● 关心他的兴趣和热情。问孩子他的梦想是什么，大梦想是什么，小梦想是什么。

● 找到对孩子有意义的沟通方式。找一个特殊的时间，你们两个人进行一对一的分享，没有其他家庭成员在场。

●始终要有开放的沟通渠道。

●如果孩子犯了错，要对他温和一些，让孩子知道无论怎样你都是爱他的。

制定家庭使命宣言

另一种为孩子提供情绪上的安全空间的方式是确立常规，这样可以让孩子拥有稳定感，找到归属感，归属于比自身更大的东西。

这种归属感十分必要。根据行为健康领域专业咨询师詹妮弗·威克姆（Jennifer Wickham）的说法："考虑到我们给自己和他人归类的群体，或贴上的标签，拥有归属感是如此重要。例如，我们是家庭、运动队、业余爱好者、宗教团体、慈善机构、政党、城市、国家和民族的成员。我们生活的方方面面几乎都是围绕着某种归属而组织的。"[73] 归属感是人类进行自我组织的方式。如果归属感变得无足轻重，那我们将会过上孤立的生活，我们将不再拥有家人，不再属于有组织的团体或政府。归属其实是一种保护性的因素。它告诉我们，我们可以从亲近的人那里得到支持，它影响着我们的身心健康。当孩子觉得他们无条件地属于一个家庭单位时，将来无论世界抛给他们的是什么，他们都会有安全感。

但觉得自己属于某一个家庭并不是自然而然发生的，它需要有意为之，也需要有一个威克姆描述的那样的组织。那么，父母应该如何组建一个家庭组织呢？有一个很好的起点，就是起草一份家庭使命宣言。

使命宣言是对你家庭中最重要的事情的总结。你的使命宣言可以是一个大纲性的总结，是所有家庭互动、活动和结构的基础。这里的关键词是"总结"，所以你的宣言没必要写得太长。

在制定使命宣言时，一定要一家人一起行动。作为父母，如果你让孩子参与制定了清楚的指导方针，根据儿童发展学院（Child Development Institute）的说法，那后续的交流就会"让大家产生对团队的归属感，因为所有的成员都在朝着同一个目标努力"。[74]孩子就会感受到归属感，因为他们的声音被听到了，他们的点子被接受了，他们深思熟虑过的想法变成了大家遵守的准则。

使命宣言也让每个人都清楚地了解家人对他们的期望，以及一家人将会如何一起努力。研究发现，虽然70%的父母说他们在家里有一套明确的价值观，但只有30%的父母把这种价值观写成了文字，形成了使命宣言之类的东西。[75]企业、学校及其他的大型组织都依靠使命宣言来保持团队的团结，让大家理解组织对个人的期待，鞭策大家实现组织得以建立的奋斗目标。你最重要的"组织"不应该得到同样多的思考和努力吗？

研究发现，我们的家庭目前是最能定义我们的机构。美国成年人认为，家庭在他们的身份认同中比其他任何因子都重要（即民族、信仰、种族等）。但这一数据在新一代人身上有所变化，只有一半多一点（53%）的"千禧一代"认为家庭扮演着重要的作用（"一些重要作用"），相比之下，"老一辈"人当中，有四分之三（76%）的人认为家庭很重要。[76]尽管有这样的变化，你作为父母依然要重视塑造孩子的性格。每天与孩子探讨自控、耐心、公平及问题解决能力等美德。当谈到保护家庭的时候，知道你们，包括父母和孩子，都在同一阵营，这是很令人欣慰的。制定使命宣言会让你知道这一事实，会让你在这个家庭，这个你和孩子生命中最重要的组织里找到归属感和安全感。

制定家庭使命宣言的方法没有什么正误之分，也没必要把它写成一个很严肃的文件。尽量体现你的家庭所认可的精神，并从中获得乐趣。我喜欢在使命宣言中用一些肯定的表达，比如："我们相信……""我们努力……""我们是……"，诸如此类。正念小脑袋（the Mindful Little Minds）的网站上有很多关于如何创建家庭使命宣言的总结。[77] 这里也有一些可以让你开始的简单步骤：

首先，作为父母，讨论对你来说什么是重要的。问你自己和你的伴侣："在我们家庭的成长和发展中我们重视的是什么？作为父母，对我们来说重要的是什么？对我们的孩子来说重要的是什么？我们期望我们的家庭是什么样的？"当你开始思考你的家庭使命宣言将要提供什么时，这似乎相对容易。但要给一个很棒的家庭奠定基础，并把声明中表达的价值观和承诺一以贯之地坚持下去，这真的需要好好思考。我们希望我们的家人能有归属感，能在我们的家庭体系和价值观中找到安全感。我们要开放地接纳新的价值观的出现。由于拥有不同的文化、宗教信仰和独特的家庭相处模式，每个家庭的使命宣言看起来、感觉起来都不尽相同。

其次，召开家庭会议，与孩子分享你的想法和思想。让孩子也分享自己的想法和思想。（这一点取决于孩子所处的年龄阶段，但每个家庭成员都应该发声。）作为家庭的领导者，如果你想的话，你可以很轻易地引入《城堡法则》中列出的基本的构建模块："我们是一个有同情心的家庭，我们是一个接纳性的家庭，我们重视所有家庭成员的安全感，我们认为信任在我们家是必不可少的，我们爱我们的家庭，我们对我们的家庭怀有某些期待，在这个家里我们很重视教育。"

这里有一些你在讨论中要考虑的问题：
- 作为一个家庭，对我们来说重要的是什么？
- 作为一个家庭，我们信仰的是什么？
- 我们想在我们的家里有什么样的感觉？
- 作为一个家庭，我们喜欢在一起做的事情是什么？
- 作为一个家庭，我们如何对待别人？
- 作为一个家庭，我们还想做些什么？
- 在家里，我们如何向彼此表达我们的爱和尊敬？

最后让大一点儿的孩子起草宣言，让小一点的孩子辅助。通过这一步你可以得到更具体的细节，并开始着手解决符合你家庭的更多细节。我们家的使命宣言列表中还包括以下内容：

- 善良和同理心
- 领导力
- 尊敬
- 精神价值
- 家庭职业道德
- 家庭时间
- 家庭传统
- 家庭价值观
- 家庭健康
- 家庭科技时光
- 灵感与创造力
- 反种族主义者

享受创建家庭使命宣言的过程，并从中找到乐趣。在整个家庭会议中，全家人要对使命宣言的每一部分进行讨论，以便每一个人都能准确理解。等文件起草完毕后，全家人一起装饰它，然后把它挂到房子的某个地方（比如挂到洗衣间或厨房），要挂到大家都能看到的地方，但只能是家庭成员才能看到的地方。在你作为个人及家庭中的一员不断成长的时候，可以调整或重新创造你的宣言。但现在你已经拥有了家庭的基础，这个基础回答了谁是你的家人，你想要实现什么，以及你在家庭这个组织中及世界上其他地方会如何生活。

专家育儿建议：家庭使命宣言

- 一家人一起想点子。
- 让你的孩子来做专家。
- 付诸实践。
- 敞开心扉接受新的价值观：世界在变化，记住我们也要敞开怀抱接受改变。
- 在践行家庭价值观的时候，要练习同情。
- 热爱并珍视你的家庭价值观。
- 期待你和你的孩子每天都能尽最大努力实践你们的家庭价值观。要能理解这个过程中出现的错误和误解。

正确处理技术产品

读这本书的任何父母都要和技术产品打交道，都要面临孩子如何使用技术产品的问题。我也许不是第一个说我不喜欢孩子总是使用科技产品的人。随着更加了解科技，我看到了一些不用科技的好处，我就更不喜欢让孩子使用科技产品了，但这是一段漫长的旅程。在这里我分享一个我们家如何开启这一旅程的故事。

在杰克逊6岁、亚瑟5岁的时候，他们每天可以有15分钟的"平板电脑时间"（就是我们所说的看屏幕时间），这其中不包括看电视的时间，看电视的时间另作限制。但是到了暑假，两个孩子想要的看屏幕时间越来越多——越来越多。没过多久，亚瑟就大声喊叫着他的时间还没到（而实际上已经到了），两只手死死地抱住平板电脑不放。每次我都需要用力从他的手里把平板"撬"出来。平板正以一种非常丑陋的方式悄悄渗透到我们的生活中，我真的受够了！

这一决定对我来说有点可怕，我知道这样做无疑会给我带来无法应付的麻烦。但是，我们（丈夫和我）觉得这在当时对我们家来说是最好的选择。我不会让我的孩子沉迷于无用的游戏，把大把时间浪费在无意义的活动上。尽管我本人也很喜欢科技，觉得它对孩子有一定的好处，但我认为它不能很好地帮助小孩子，即使是教育性的游戏也不例外。科技存在并不意味着它就是必要的，也并不意味着我们是可以使用的。我觉得把大把时间花在科技产品上是一个坏习惯。至少对我的孩子来说，使用科技产品是一种特权，但不是一种权利。所以，这就是2014年暑假的"无科技实验"是如何在我们家开始的，这个过程中我们经历了很多弯路，但我们享受这样的弯路——是的，我想用的词就是"享受"。

为了减轻对孩子们的打击，我们选择在他们忙着画超级英雄时公布这一消息：他们与外界的联系被切断了。没有平板，没有互联网，没有堂哥的苹果手机，什么都没有，只有漫长的暑假。但这似乎还没有开始，因为他们看起来满不在乎，只是回了一句"能行"。什么？

难道他们没有理解我们刚才所说的话吗？我在想他们什么时候才能真正理解。

第一周的时候，孩子们要求看5分钟的平板。每次我都很坚定地说："不行，得等到暑假结束了才可以。"但我内心其实很担心孩子们听了这话会大发脾气。但让人惊讶的是，孩子们只是稍微抱怨了几句，还问"暑假什么时候才能结束"。（孩子问出这样的问题让人觉得很古怪，但我想在这种情况下是讲得通的。）但不管怎样说，这事就这么定了，真正地定了。

整个7月，孩子们都在忙着参加幼儿园和一年级的夏令营，还有动物园度假营和影院度假营。我们还去圣地亚哥（San Diego）旅游了一趟，这又占掉了他们几天的时间。还有两周一次的游泳。在家里的时候，后院就够他们玩了；他们在后院踢足球，在果岭打高尔夫球。杰克逊的第一次图书俱乐部活动让我们大家都忙着在读《查理和巧克力工厂》（*Charlie and the Chocolate Factory*），以及后续更多其他的阅读。重点是他们没有真的想念科技产品。他们的这个假期感觉有点像我小时候度过的暑假，有大量的休息时间，大量的玩耍时间，以及诸多的乐趣。

8月初的时候，两个孩子和家人待在一起——一起去串门，或无休止地在表亲家过夜。我偶尔会问孩子们——不，是真正告诉他们——好吧，我非常努力地给他们洗脑，让他们知道过度使用科技产品、过多地看电子屏幕对他们正在发育的大脑的影响。有时他们真的会相信我说的话，他们宣布："妈妈，即使我们可以再看平板，我们也不看了。"然后继续说，"平板对大脑不好。"太好了！我的计划起效了！

8月中旬的时候，我们遇到了第一个弯路：一位朋友的生日聚会。这次聚会不容错过，原因有二：其一，两个孩子很喜欢这个孩子，我也很喜欢；其二，大家都知道这次庆祝活动中会有一辆电子游戏卡车。但其中第二条给我们的科技斋戒带来了第一次严峻的挑战。怎么办呢？对我来说，很简单。我可以通过它向孩子们说明，只要合理利用，电子游戏和技术是没有错的。更不用说这是一个很特殊的场合了。所以孩子们参加了这次聚会，聚会上少不了各类甜食（首先是生日蛋糕，其次是冰激凌卡车，最后还有压轴的皮纳塔①）。聚会很有意思，有时候你需要的只是去放松。孩子们玩着电子游戏，但我没有把他们从游戏卡车里拽出来。（是甜食把他们拽出来的！）

离开学还有最后一个星期了，暑假的烈日已经快要落下了。我们的无科技实验就要大功告成了——然后迎来了我们注定要走的一段超级大弯路。我们遇上它是在我们家这个季度最后一次的狂欢中，即我们在佛罗里达州阿米利亚岛（Amelia Island）的旅行。孩子们泰然自若地上了飞机，没有戴耳机，也没有看平板，他们在飞机上睡觉，吃东西，聊天，用棍子玩他们自创的读心术游戏（非常的老套）。他们发出的声音有点大，但我没觉得我们打扰到了太多人。然后我们前往酒店。到了酒店，莫名其妙地，我们发现了一件很让人震惊的事情，这是我们所有人不曾想象到的：那里有迄今为止我们见过的最令人难以置信、最宏伟、最闪亮的游戏厅。房间里神奇的声音像僵尸一样吸引着孩子们，就等着他们跳上黑色的皮革游戏座椅，抓起各种各样的手持设备，入迷地盯着屏幕看好几个小时——也有可能是好几天。管理游戏厅的少年甚至说："如果你有想玩的游戏，我们这里没有的话，我们可以给你购买。"我没有开玩笑！忘了《查理和巧克力工厂》吧，这里上演的是《查理和电子游戏工厂》。

情况看起来似乎不太妙。整个暑假我们几乎没有用过任何科技产品，现在离成功只有"一周之遥"了。我该怎么样让他们远离这个游戏厅？我们每天都要至少从它门前经过六七回，而且我们要在这里住5天的时间。听到这个你可能会感到惊讶，但是再一次，我

---

① 皮纳塔是西方家庭庆祝活动中随处可见的装饰品，砸开皮纳塔，抢到里面的糖果和礼物，代表了拥有好运气。——译者注

要说这很简单。我们是出来度假的，而且我的孩子可能再也没有机会看到这个只有孩子才能欣赏得来的奇妙世界了（也许有一些爸爸也能欣赏得来）。所以我们让他们进去了，让他们在里面畅玩。说句良心话，我们的确跟他们讲了这也属于特殊场合。

从那以后，我们在各自的世界里一切都好。我们让他们每天都忙着在游泳池里游泳，在海里游泳，寻找鲨鱼牙齿（杰克逊找到了16颗，亚瑟1颗也没找到——这就不好玩了），收集和研究贝壳，还有很多很多。到了晚上，我们允许男孩们和他们的表哥堂弟们一道去游戏厅——他们自己去，有时候我也会加入——就只是玩电子游戏。

终于开学了。游戏结束了。我们的无科技实验差了一周，但总体来说进行得还不错。

在那之后我们是如何前进的呢？在2014年暑假的科技禁令之前，孩子们每天可以在平板上花15分钟时间，那时他们五六岁。在我写这部分内容的时候，他们分别是11岁和12岁。现在我们家在科技产品方面的规定是，上学的日子不能使用平板或其他科技产品，除非学校要求。他们可以有少量看电视的时间，其中大部分时间都用来看体育比赛和动画片了。到了周末，他们可以在使用科技产品上多花些时间。这种模式对我们来说很有效。

当你努力在你的家里——你的城堡里——实现平衡的时候，要知道这是一个持续的过程。就在前不久，男孩子们迷上了《梦幻足球》，我不得不重新引入在使用科技产品方面对他们的期待。他们经常看手机，关注运动员和比赛数据，和朋友之间发信息交流转会的消息。你要知道我的方法并不是唯一的方法，你必须确定对你和你的孩子有效的是什么。如果你知道你的孩子在用科技产品做什么，并且你能加入其中和他们一起用科技产品，你就能找到那种平衡。在两个孩子利用科技产品关注梦幻足球的时候，他们学到了很多东西，交了很多朋友。糟糕，我看到了科技产品积极的一面。

那么，你应该根据什么原则来构建你的科技指南呢？在这方面，让我真正产生共鸣的智慧来自我的一位受访者，那次采访的话题就是科技产品。里奥纳多·萨克斯（Leonard Sax）博士是《纽约时报》畅销书《做恰到好处的父母：突破家庭教育迷茫》(*The Collapse of Parenting: How We Hurt Our Kids When We Treat Them Like Adults*) 的作者，他给了我一个清晰的视角。

在采访的过程中，他问我："在你小的时候，你的父母会允许你在晚上11点或午夜接其他男孩或女孩的电话吗？"

"当然不会！"我答道。我妈妈是绝对不会允许那样的事情发生的。

"确实。"他接着说，"那为什么世界上的孩子和十几岁的青少年要在晚上把手机带到床上，发短信，聊天，谁知道是什么事情呢？"

是的，我明白了。尽管信任是《城堡法则》的建筑模块之一（见第四章），尽管相信你的孩子会为他们自己做决定很重要，但父母依然需要去设限。至少是在某一个阶段需要设限。我们还没有足够的研究来肯定地证明科技产品对儿童的大脑发育有什么影响，但在我们有足够的证据之前，我们需要谨慎对待。在罗宾·伯曼（Robin Berman）博士的著作《给父母的承诺：如何用爱和边界教育孩子》(*Permission to Parent: How to Raise Your Child with Love and Limits*) 中，她给出了这样的建议："规范媒体的使用，不要让它偷走孩子的童年。对小一点的孩子要进行监督，设立规则；教会大一点的孩子进行自我监督。电子产品、游戏和视频都会让人上瘾，要教会孩子适度。"[78] 我把它比作在孩子成年前我们设定的对饮酒的限制。你不会对你16岁的孩子说"当然，你可以饮酒了"，你也不会把什么时候开始饮酒的决定权留给他。

我的两个儿子即将步入青春期，我知道帮他们过上健康的科技生活只是这代人育儿过程中的一部分。请接受我的忠告：孩子可以接受，甚至可以欣赏你设定的限制，只要我们设定了合理的期待，科技产品就不一定是我们的敌人。如果你的孩子说他觉得无聊了，没有别的事情可以做了，你可以深呼吸，承认他的感觉，然后守住你的立场。和孩子保持健康的关系，同时守住你制定的规则，这绝对是有可能实现的。

快进到"堡垒之夜大爆炸"

正如我前面所说，你必须想办法让科技产品在你的家里发挥作用。这是一个持续的过程，有很多利弊需要权衡。电子游戏本身并不坏。当我们把电子游戏看成孩子的一种娱乐活动时，我们就可以用对电影或电视分类的方式来看待它们。你可以问自己这样的问题："这款游戏适合孩子的年龄吗？我对其中的暴力（如果有的话）感到舒适吗？这款游戏是否会让我的孩子上瘾，或者会让他们从日常生活中分心？"

现在，我将分享一个故事，讲故事是我在这里用到的一种教学手段，你可以想想在这样的情况下你会怎么做。

《堡垒之夜》(*Fortnite*)是一款多人在线游戏，允许世界各地的人在不同的位置作战，作战过程中可以使用机关枪、战刀这类武器。这款游戏有两种模式：在《堡垒之夜：大逃杀》中，玩家们为了成为最后一个幸存的人而相互战斗；在《堡垒之夜：拯救世界》中，玩家们合作对付一拨又一拨入侵的怪物。在我撰写本书时，有1.5亿人痴迷于《堡垒之夜》，这种痴迷在全美各地的家庭中引发了战争：孩子和父母之间的战争，甚至是父母和他们的父母之间的战争。

这是 2018 年太平洋标准时间的一个周二，接近中午时分，世界各地的《堡垒之夜》游戏迷都在等待揭秘"倾斜塔"的命运。在阳光明媚的南加利福尼亚州，洛杉矶学校的孩子刚上完五年级的科学课。给我讲述这个故事的老师说，"孩子们在门口排成长队，然后冲出了教室。18个男孩子横冲直撞地冲出了校园，差点撞倒了一位老师"，他们在朝着他们能找到的第一台电脑跑去。[79] 他们的使命是什么？是在谷歌上搜索《堡垒之夜》传奇中发生了什么。

听说男孩们违反学校的规章制度，只是为了满足他们想要知道游戏中发生了什么的需要，这让学校的管理者非常震惊。这听起来像极端的上瘾行为。这一行为引来了这位老师所说的"重要的数字公民时刻"。"我们和孩子们进行了一番交谈，帮助他们理解不能让《堡垒之夜》影响上学。家长也收到了邮件，让他们在家继续和孩子进行这样的对话。"

这封邮件很受欢迎，因为各地的家长都表达了他们对这款游戏的焦虑。以往有关家庭作业的辩论被《堡垒之夜》取代了。这是所有家长聚在一起时都在谈论的话题。对这一话题的讨论遍及全美的每一个社区，且成了许多家长的重大关切，他们在与这款游戏的暴力性和成瘾性做斗争。

如果你是他们的话你会怎样做？以下是一些专家和家长对这个话题的看法。

临床心理学家迪恩·利夫（Dean Leav）博士专门为电子游戏成瘾者提供治疗。多年来，因为他的专业知识和深刻见解，我采访过他很多次。关于《堡垒之夜》，他说这款游戏中确实涉及了合作和竞争，所以它对不同年龄阶段的孩子都有吸引力。[80] 但有时候，这款游戏太过于有吸引力了。

在《国际疾病分类（第 11 次修订本）》（The Eleventh International Classification of Diseases）中，世界卫生组织将"游戏障碍"列入了心理健康清单。[81] 利夫博士表示："我们迈出了巨大的第一步，整个世界越来越关注游戏成瘾对儿童的影响。"有一项研究在 2007 到 2015 年间电话采访了近 3000 名美国大学生，结果显示大约有 5% 的人因为他们的网络游戏习惯在"日常生活中受到了干扰"，莫里斯·奥哈永（Maurice Ohayon）博士表示这是游戏成瘾发展为游戏障碍的必要条件之一。[82] 当年轻人对游戏上瘾后，"会诱发睡眠障碍、抑郁、焦虑，甚至在有些情况下，会引起自杀的想法"。[83]

多年来，我也采访过许多像你一样的普通父母，以了解他们是如何限制电子游戏的。在洛杉矶，一个10岁孩子的妈妈觉得自己受到了排斥，因为她不允许孩子玩《堡垒之夜》。孩子告诉她："我真的不想去上学了，因为体育课、午餐时间及课间都特别无聊，大家聊的都是《堡垒之夜》。"但这位妈妈依然很坚定："我们应该教育我们的孩子不要美化暴力，尤其在有校园枪击案发生的时代。"[84]

还有一位洛杉矶的妈妈说，和以往的任何电子游戏不同，《堡垒之夜》对她10岁的儿子有魔力。实际上，她不得不调整和儿子之间的"科技产品使用合同"（也就是他的科技产品使用特权），因为在最近的一次玩伴聚会上，她发现儿子没有和他的玩伴们一起打乒乓球，而是一个人躲在房间里玩《堡垒之夜》。"他的科技产品使用合同中有这样一条：如果有朋友过来，他要玩《堡垒之夜》须得到家长的同意。如果得到了准许，就可以在规定时间内玩，但前提是大家都想玩这款游戏，并且大家都有自己的游戏设备。没有朋友在场的情况下你绝对不能玩《堡垒之夜》。"[85]

一位来自波士顿的妈妈盖尔·米勒（Gail Miller）说《堡垒之夜》正在吞噬着她的家庭。米勒有两个儿子，年龄分别是11岁和7岁。对她11岁的儿子来说，玩电子游戏就是进行社交。"他有些害羞，所以玩电子游戏对他来说是一种增进感情的经历。他们在线上一起玩，一起合作。如果我不让他玩，他就会觉得自己融入不到其他人当中。"[86] 然而，她不允许7岁的小儿子玩电子游戏，盖尔知道有些父母不会让自己的任何一个孩子玩游戏，她尊重那样的做法。

在休斯敦，丹尼·罗斯曼（Dani Roisman）9岁的儿子和他的朋友们一样，沉迷于《堡垒之夜》——丹尼仔细观察才发现的。在她看来，战术射击和武器不是孩子们应当考虑的。"我们把这个坏消息告诉了儿子，他以后不能再玩《堡垒之夜》了，我们给他解释了这款游戏与他的年龄不符。"[87]

罗斯曼的判断得到了《常识媒体》（Common Sense Media）的

支持。这家媒体属于非营利组织，他们的网站上提供了家庭可参考的适龄媒体评论。[88] 他们认为《堡垒之夜》适合13岁及以上年龄的孩子。塞拉·菲鲁奇（Sierra Filucci）是《常识媒体》育儿内容与分销部门的执行编辑，她解释说他们的"指导不是生硬的规则，是在综合了诸多因素的儿童发展指南的基础上确定的"。[89]

为什么《堡垒之夜》适合13岁及以上年龄的孩子呢？菲鲁奇说其中有三个因素："第一，暴力。尽管视觉效果很卡通，但主要的目标是杀戮。第二，高消费。购买战斗通行证或皮肤的压力——这种针对孩子的营销未必是件好事。第三，开放式聊天。根据不同的模式，你的孩子可以与游戏匹配的任何人（可能是陌生人）聊天。"

利夫博士建议说，如果孩子要玩《堡垒之夜》，就和他们一起玩。与年幼的孩子谈论什么是真实的，什么是不真实的，这很重要。"真人在中枪之后无法再做出回应，真人在被砍伤之后不会立即痊愈。这些都是《堡垒之夜》中才发生的事情。在现实生活中，你受伤了不会有医生在场，没有人能立即救你。"

如果你的孩子也玩《堡垒之夜》，或者其他类似的电子游戏，对他有所限制是很重要的。"在上学的日子，每天玩30分钟，或者更少。"利夫博士建议道，"不管是13岁以下还是13岁以上，孩子们每天都有很多的任务。他们要做家庭作业，做家务，完成课后活动。如果每天花两三小时在玩电子游戏上，那他们的生活就失去平衡了。"

那暑假时间呢？利夫博士的建议是暑假每天玩游戏的时间不要超过1小时或2小时。"经过一两小时的激战后，你就会看到电子游戏对孩子的影响。你会发现他们昏昏沉沉无精打采，不怎么和别人接触，他们的身体和姿势也在发生变化，这就说明该拔掉插头不让他们再玩了。"

《堡垒之夜》似乎不会很快消失，而下一波电子游戏热潮即将进入测试阶段，"在不久的将来就会发布！"[你还记得《宝可梦Go》（*Pokémon Go*）吗？]但孩子和父母没必要陷入混乱。在洛杉矶学校，孩子们现在知道了在上学期间让《堡垒之夜》分散注意力是不可接受的。老师开始让孩子们打破以前的模式,把注意力集中到其他类型的娱乐方式上。不管你信不信,五年级男孩的下一个新潮流就是魔方(Rubik's Cube)。老师们表示,这是朝着正确方向迈出的一步。"在午餐时间和课间,魔方取代了关于《堡垒之夜》的讨论,成了男孩子们最喜爱的游戏。"从而把孩子们带回到现实世界中。

专家育儿建议:如何为科技产品的使用时间设限?

●清楚地陈述规则和应用规则的情况。拟一份科技产品使用合同,或在你的家庭使命宣言中加入科技产品部分。这是确保大家在同一战线上的一个好方法。

●态度要坚定,做法要灵活。如果你限制了孩子看屏幕的时间,就要想出新的活动来代替。

●教导孩子作为消费者要持有怀疑的态度,不能一出现新的科技玩具或游戏就盲目跟风。这样做可以培养孩子的科技素养。

●设立现实的期望。要理解你的孩子生活在数字时代,科技是他们生活中的一部分。

●随着孩子不断长大,要教会他们怎样管理自己看屏幕的时间。

●在使用任何一种社交媒体应用程序前,要真正了解你和你的孩子即将面对什么。

●学会如何在网络世界中保护自己的孩子。在孩子浏览网站时,利用互联网筛选服务过滤不恰当的内容。这是现代育儿的一部分。

作为父母，你的使命还没有完成：科技和色情

我多希望我不用谈论这个话题，但事实是我必须谈。要讨论这个话题，我得借助当今这个领域最权威的专家的帮助。盖尔·戴恩斯（Gail Dines）对色情行业进行了30年的研究和写作，她是国际知名专家，专门研究色情如何塑造我们的身份、文化和性。戴恩斯博士是"文化重塑（Culture Reframed）"项目的创始人，也是美国及国外政府机构的专家顾问。我第一次听她演讲是在洛杉矶的一所公立小学，当时听到这个话题，有很多父母为了保护孩子选择离开。他们的孩子再有几年就进入青春期了，他们想让孩子远离戴恩斯博士所说的"数字时代下公共卫生危机"的灾难性意识[90]。

戴恩斯博士的研究表明，过早接触色情作品会阻碍孩子健康社交关系的发展、性的发展、情绪的发展和认知的发展，而这一切只需点击一下鼠标即可。简言之，色情作品是免费的，暴力性的，它是基于对女性和有色人种的虐待和贬低的基础之上的。听了她的演讲之后，我决定要去了解更多，决定采访她并在我的博客上发布。以下是一些戴恩斯博士讲述的有关美国孩子和色情的事实：

● 在14岁的孩子当中，有39%的孩子表示自己曾看过色情作品，其中三分之一的孩子说他们第一次看色情作品是在12岁，甚至更早。

● 浏览色情文学和其他色情媒体的未成年人更容易接受性暴力。

● 经常浏览网络色情的男孩子在6个月之内学业成绩就会下降。

● 青少年第一次有性经历的平均年龄为15岁。

● 对青少年来说，频繁浏览色情网站与孤独感和重度抑郁之间有着密切的联系。

● 一项针对14至19岁青少年的研究发现，观看色情视频的年轻女性受到性骚扰或性侵犯的风险明显更高。

● 浏览色情作品的青少年在发育期会迷失方向，在这个阶段他们必须学会如何处理自己的性欲，而且还很容易对自己的性信仰和道德价值观产生怀疑。

浏览色情作品的儿童在成年后更容易养成不健康的生活习惯。对于良好的性关系是什么样子，感觉如何，他们经常觉得很困惑。可悲的是，当孩子长大成人后，他们会把曾经看过的色情作品和那些扭曲的价值观带到自己的新家庭。这样做有诸多负面影响，包括：

● 在美国，有 47% 的家庭表示色情成了他们家里的一个问题。

● 浏览色情作品使婚姻中的不忠率增加了 300%。

● 40% 的性成瘾者失去了配偶，58% 的遭受了重大经济损失，33% 的丢了工作。

● 在离婚案件中，有 44% 的离婚涉及其中一方在网上结识了新情人，56% 的离婚涉及其中一方对色情作品有"入迷的兴趣"。[91]

在菲尔博士的脱口秀节目中，菲尔博士揭露了多年来我们的孩子在网上面对的是什么。色情网站暴增，对儿童的开放程度也在激增。结合他的经历，菲尔博士在 2019 年的一次一对一采访活动中总结了他的立场，他告诉我："就去侵犯你孩子的隐私！"[92]

菲尔博士还表示："孩子拥有使用网络的知识，但缺乏利用网络的智慧。而我们有的是智慧，却缺乏相关知识。所以双方之间需要通过某种方式进行融合。父母需要进入到孩子所在的网络平台。有时候父母会说这样做是在侵犯孩子的隐私，但我要说：'就去侵犯隐私。'你需要知道孩子的处境。人们一般不会表达自己的立场，但我要表达我的立场。就去侵犯孩子的隐私，知道他们在什么地方，知道他们在和谁聊天。网络把各类信息都带到了家里，有很多分散我们注意力的事，父母的声音要在孩子的耳朵里引起共鸣面临着许多挑战，所以，你要确保你的声音是孩子耳朵里最好的声音。"

所以菲尔博士和戴恩斯博士一致认为我们必须让孩子和家长都了解互联网的危害，他们建议父母参与其中，为孩子设限。如果我们现在就让色情进入我们的家庭，就相当于在允许它去塑造我们的下一代。色情的负面影响不止于童年时期，还会危及孩子未来的家庭和婚姻。要教育你的孩子保护他们的身心健康。你可以加入文化重塑组织，这是由戴恩斯博士一手创办的一个项目。该项目是一个很好的资源，不仅可以帮你了解如何去教育自己，还可以教你学会如何跟你的孩子或青少年交流——以一种符合他们年龄特征的方式交流。戴恩斯博士甚至写好了你可以照做的脚本。你可以做到的！你是在保护自己的孩子和他们将来的孩子。

我希望本章内容给你提供了一种新的方式，让你去重新思考你的城堡中的安全感。给我们的孩子提供安全感，包括身体上和情绪上的安全，这是很重要的一个建筑模块，有很多方面需要考虑，但请你相信这是可能实现的。只要你日复一日地坚持，每次前进一小步，我保证你和你的孩子都会到达你们想去的地方。

C.A.S.T.L.E.

第四章

信任

> 绝对不要帮孩子完成他觉得自己能成功完成的任务。
> ——玛利亚·蒙台梭利

身为城堡中的领导者，作为父母的我们要给孩子提供指导和支持。我们必须做出孩子尚不能做的重大决策，早上要把他们送到学校，为他们预约医生，并把他们送到医生那里——所有这些事情都是父母必须做，而孩子无法做的……至少目前还无法做。

那他们现在能做的事情呢？当你真正相信你的孩子会根据他们的需要做出决定，而不管你的需要时，你可能会觉得有些焦虑。万一他们选错了怎么办？但是无论如何都相信你的孩子，这样做可以让他们得到成长和发展，最重要的是，他们可以学着去相信自己。为了让这种内在的成长发生，我们必须放手，允许它发生。

举一个例子，当你的孩子会自己系鞋带，只是花的时间会比较长时，一定要让他自己去系。甚至你可以做得更好，每天早上都给孩子留出系鞋带的时间和空间，这样就可以免掉你得为他系鞋带，然后匆忙出门送他去上学的压力。当然，并不是每一个早上都来得及进行这样的练习，但每次能练习的情况下尽力去练习，这样能让孩子明白你信任他，让他做自己能做的事情，从而为孩子提供信任的建筑模块，这一模块将会渗透到孩子未来的人生中。通过在生命早期把这种信任植入孩子的内心，你可以让孩子对他自己更有信心，相信他的能力，相信他的决策，以及相信什么对自己才最好的内在知识。当他们有朝一日离开你的城堡开始自己的人生旅程时，这是不是正是你想让孩子拥有的？

再设想一下如果不这样做，未来会是什么样的。如果你不让孩子经历这种基本的成长，他就会觉得他无法相信自己的判断。等他长成了青少年，再变成成年人之后，当他看向同伴而远离你时，他可能会最终相信某些不值得信任的人，这样做后果会很危险。孩子必须学会最终遵循自己的最佳判断，作为父母，你可以为他们提供一个这样去做的安全空间。

和育儿中的许多方面一样，学着去信任你的孩子也是一项不断持续的工作。在我家，我必须一遍又一遍地提醒自己：放手信任他们。首先，我引用伯德·约翰逊夫人（Lady Bird Johnson）的一句话，这句话引起了我的共鸣："鼓励和支持你的孩子，因为孩子实现的往往就是你所期待的。"每次跟两个儿子结束讨论后——关于学校、朋友或课外活动的讨论——我总会说："好吧，我相信你。我相信你知道对你来说最好的是什么。"我相信明确说出这些话可以给他们所需要的鼓励，告诉孩子他们可以自己做出很好的决定，他们可以做此时此刻他们能做的事情。我的确相信我的孩子，我想让他们明白在我这里已经为他们开了绿灯，让他们去相信自己。

让他们去领导：说"不"的能力

周末接近尾声，我们一家四口出发去赶一场周日的日场。我们决定去看 PG 级电影《天堂奇迹》(*Miracles from Heaven*)，电影讲的是一个患有罕见的不治之症的 10 岁女孩的故事。电影里的妈妈成了女儿坚定的守护者，影片的最后，这个女孩在一次只能称之为奇迹的经历中痊愈了。

但我们没能看到那个奇迹。电影看了三分之一的时候，8 岁的杰克逊拍了拍我的胳膊，说："我想出去。"

"什么？怎么了？"我轻声问道。

"我就是看不下去了，我想现在就走。"

我不能理解。但他站起身出去了，我跟着也出来了，我丈夫安德鲁和亚瑟依然在里面。

和他在外面坐着的时候，我尽我所能、苦口婆心地劝他回去，但他不愿意。几分钟后，我跟他说我会一直等他到电影结束。就在那时，安德鲁也出来了，亚瑟紧跟在后面，他们俩也开始试图说服杰克逊回去。但杰克逊坚持他不会回去，说回去"太可怕了"。

最后，我们决定离开。我丈夫是个节俭的人，他回去跟检票员解释了我们的困境，退了票。当我们往车跟前走的时候，安德鲁和亚瑟开始聊起了体育，但杰克逊默不作声。我也没有说话，但我拉着他的手，对着他微微一笑。

然后，就在我们快要上车的时候，杰克逊跟我说："妈妈，谢谢你，我觉得自己受到了尊重。"

哇，我暗自心想，真是个教训！

在那一刻，我知道我需要练习着去更多地信任他。我必须允许我的孩子在他们需要的时候对我说"不"，即使这样会让我觉得不舒服，或者会给我造成不便。但我知道这样做会教给他们比我想象中更多的东西。

专家表示，说"不"的能力是一份美好的礼物。罗曼尼·杜瓦索拉（Ramani Durvasula）博士告诉我："说'不'可以让孩子学会为自己发声，这样做可以保证他们的安全。他们可以学着对来自同伴的压力说'不'，拒绝吸毒、性，或其他潜在的危险行为，从而发展他们的自我意识，让他们学会适当地表达自己的喜好。"[93]父母也需要教孩子明白在何时何地表达自己的喜好是合适的。"对历史考试说'不'可能不行……学会说'不'与宣示特权或宣泄不满无关，而与自我主张有关。"

加州大学洛杉矶分校实验学校（UCLA Lab School）每天都在践行这种自我主张的观念，这所学校里的教学策略聚焦的是帮助孩子真正地信任自己。这所校内实验学校目前服务的学生从4岁到12岁不等，学校奉行的是在研究的基础上确立的"安全校园"理念，该理念的核心是通过教孩子去解决问题，并成为包容的自我倡导者，从而提高孩子的能力。"安全学校示范教师（the Safe School Demonstration Teacher）"劳里·A.尼莫-拉米雷斯（Laurie A.

Nimmo-Ramirez）表示他们从孩子 4 岁时，就通过角色扮演、教室项目等方式开始了这项工作，随着孩子逐渐长大，他们还在继续这项工作。

我们努力让有关对某人说"不行"或"不"的语言常常出现，并符合孩子的年龄特征。随着学生们不断成熟，我们更会关注如何解决有关同伴压力的问题，以及如何从一种情形中全身而退。我们也知道随着孩子不断长大，他们开始不愿意接受成年人的帮助。我们需要给他们提供工具，让他们自主、自信地说出"不"……艾娃·德拉索塔（Ava de La Sota）引领着我们学校"安全校园"理念的发展，她也是我的前任。艾娃·德拉索塔总是说："如果他们不能很酷地全身而退，那他们就不会退出。"我们想通过提供现实的情景（尽可能逼真地模拟），让学生们有机会练习这些策略，并在他们以后的生活中加以运用。[94]

除了在教室里教授这些策略外，加州大学洛杉矶分校实验学校也把每天学生之间发生的实际冲突作为学习机会，让学生们练习讨论老师教过的策略。尼莫-拉米雷斯说："我们会找出他们用到的（或没有用到的）策略，分析他们所做的选择是如何解决或激化问题的。我们会对情形进行分析，讨论下次如果我们做出不同的选择，事情将会以何种不同的方式得到解决。有许多次，我们在这样的对话（我们称为仲裁）中讨论了要为自己站出来，说'不许这样做'，然后在必要的情况下，从某种情形中退出来。"

有天晚上，在和一位朋友吃晚餐时，我们的对话中也谈到了这一主题。卡罗尔（Carol）是两个孩子的全职妈妈。她告诉我，她 6 岁的儿子泰迪（Teddy）"不怎么喜欢运动"，他是那种擅长创作和建造的孩子。要是给他一些乐高玩具的话，他能摆出让人意想不到的东西。但泰迪的朋友们都很喜欢运动，他们加入了各种我们可以想象到的少年联盟。卡罗尔告诉我，当足球赛季即将来临时，"运动型男孩"的妈妈之间会就这个话题写很长的邮件互相交流，她觉得很有压力,就给泰迪也报了名。尽管她不确定是否要继续前进,但她最终的确让泰迪觉得自己融入不到同龄人当中——或者她觉得是这样。

当她告诉泰迪他的名字已经在足球队花名册上的时候,"他非常坚定地说他不喜欢踢足球,但我选择无视他的想法。我们去买装备的时候,他哭了,但我依然选择无视。我们第一次去训练的时候,他非常不自在,没有一点兴趣,但我逼着他练。训练了三次之后,我最终意识到我做这些是为了我自己,不是为了他。到家之后,我让他坐下来,问他是否想踢足球。他非常明确地说了'不!'他给我解释为什么他会有这种感觉,最后我听了他的。"

卡罗尔意识到她儿子应该自己做出选择。她想通过让孩子自己做决定,让两个孩子在成长的过程中具备更突出的能力,她相信现在就必须开始培养那种能力。

杜瓦索拉博士表示现在的确已经到行动的时候了。作为临床心理学家,她看到成年人在日常生活中很难说出"不":"人们总是担心会让他人失望,尤其在工作场合中。面对苛刻的伙伴、苛刻的同事、苛刻的家庭,以及苛刻的朋友,他们在不断地说'是',最终在这个过程中耗得筋疲力尽。人生在于选择,如果我们从小就学着说'不',长大成人后,我们可能更容易坚持发挥'不'的力量。"女性尤其容易受到不懂得说"不"的影响。

我承认我就是很难说出"不"的成年人之一。但现在为了我的孩子,我记住了说"不"的好处,每次遇到这类事情时,我就会想起我要为他们树立榜样。如果他们看到我在合适的时候说了"不",希望他们能学着我的样子,在他们不断成长,去独自经历这个世界的时候,他们能学会坚定、自信地说"不"。

专家育儿建议:鼓励孩子信任你,也信任他们自己
● 教孩子成为能为自己发言的人。问他这样做有什么

> 感觉，如果他在合适的场合主动表达了他的想法，你要对他有所奖励。
>
> ● 当孩子表现出痛苦时，要对他怀有同情。在他告诉你自己的感受时，要专心倾听，让孩子知道你相信他了解自己的感受。
>
> ● 让孩子明白你信任他。通过让孩子独自行动，或在符合他年龄的任务中尽量少提供帮助，培养孩子解决问题的能力。

放弃与改变路线：课外活动

前面我们介绍了卡罗尔的经历，在这部分我想先向你提一个问题。作为一名记者，我很爱提问题。我们可以想象一下，假设我带着电视台摄制人员来了，你和我坐在沙发上准备开始今天的采访。也许这是一次"非正式"采访，我们甚至可以边聊边喝鸡尾酒。

好吧，我的问题是：在你5岁，8岁，或者9岁，甚至是12岁或13岁的时候，你是否知道你这一生会做什么？

现在花一点时间，回想一下你还是个孩子的时候。那时候你真的，真的知道答案吗？我反正不知道。在我还是个孩子的时候，我喜欢参加很多不同的活动。在圣斯蒂芬小学上学时，我会参加每一项我能找到的运动：排球、篮球、赛跑，还有很多很多。我很喜欢上学，在七年级和八年级的时候，我都加入了学生会。我甚至还弹钢琴。我从来没有感到有压力——也就是来自父母的压力。但八年级的某一天，我和钢琴老师之间的一次简短、严肃的对话彻底改变了我的人生路线。

那时候是下午5点15分，我上钢琴课迟到了15分钟。妈妈把我送到上钢琴课的地方，然后带着我的一个哥哥去参加别的活动了。

我坐到钢琴旁边，然后老师在我旁边坐了下来。她非常生气。

她说:"你知道你迟到了?"

"是的,我很抱歉。"

"这周你有音乐会,"她说,"在你必须为音乐会做准备的时候,你怎么能迟到呢?"

我努力地向她解释我去参加篮球训练了,我尽力要按时出来的,但我们的小组会开得时间长了些。我们正在为锦标赛做准备,我还是队长。

但是老师不接受。她没有同情心,她告诉我这不可接受,我感觉糟糕透了。我讨厌让别人失望。接下来她说了我永远也无法忘记的话:

"唐娜,"她说,"你必须做出选择:钢琴还是篮球?"

我当时惊呆了,我不敢相信这是我听到的话,所以我没有作答。

后来,我们继续上钢琴课。但那次的课让我很痛苦,我满脑子想的都是我得做出那个选择。那时候我才12岁。

最后终于上完课了,我从钢琴旁边准备起身。她又说:"你必须做出选择:钢琴还是篮球?"

那个时候我真的很沮丧,所以我说:"我选篮球。"然后我向她说了"谢谢",就去外面等我妈妈了。

那个周末我在音乐会上表演,过得很开心,但我再也没上过钢琴课。

身为一名妈妈,现在回看那段经历的时候,我觉得自己上当了。现在我知道自己永远都不会成为专业的篮球运动员,也无法成为职业钢琴家。但在这个世界上我为什么必须放弃音乐呢?我不喜欢每天练琴练一小时,但我很喜欢弹钢琴,并且弹了许多年。我也很喜欢篮球。为什么当时我不能两者兼顾呢?为什么这个老师要干涉我的热爱。为什么她要让我觉得这两者之间一定要非此即彼呢?为什么我当时没有把钢琴课暂停几周或几个月,先去打篮球赛,然后再回归钢琴呢?为什么会有这么多压力?为什么是这样的结局?

我讲这个故事是因为现在我们的孩子面临着前所未有的压力，他们要为自己几乎无法想象的未来做出决定。你知道以下这些事实吗？全国青少年体育联盟（National Alliance for Youth Sports）的一项民意调查显示，70% 的孩子在 13 岁之前曾参加过一种正规的体育运动，后来又放弃了。[95] 根据《音乐家长指南》(*The Music Parents' Guide*) 公布的数据，"每年，公立学校 100% 的学生都会通过学校的音乐项目（如果现在还有这样的项目的话）开始学一样乐器。但一到两年后，超过 50% 的学生会放弃，无法在 12 年学习之后剩余的上学生涯中甚至中等教育以外的时间，享受音乐教育。"[96] 为什么放弃成了一种趋势？

这里可能有一个影响因素：在我们的文化中，我们教给孩子的是，如果某项体育运动或课外活动无法让他们变得更有竞争力，那这项运动或活动就不值得去参加。我们把乐趣从学习和运动中剥离出来了。对我来说，这种心态不仅听起来很真实，还在发出类似于火警报警器的声音。以下是我采访一些父母对课外活动的看法时，这些"普通大众"（在电视行业称他们为"草根"）给出的说法：

● 一名学龄前儿童的家长："我们要聘请一名顾问，确保我们的女儿能进入洛杉矶最好的幼儿园，因为她要成为一名舞蹈家，我们要找一所在戏剧方面最突出的学校。"

● 一名四年级孩子的妈妈，她的儿子踢足球："我要给他找一个足球俱乐部，让他看看他是否真的要在大学踢足球。"

● 一名六年级孩子的妈妈，她的儿子打棒球："等七年级的时候，我们不会把孩子送到要求严格的学校，因为我们要把时间都花在棒球训练上。"

● 一名十一年级女孩的父母，她正在为上大学做准备："如果她进不了自己最心仪的常春藤盟校，这个打击对她来说太大了。她已经参加了你能想到的所有课外活动。"

这些普通父母的话或许让我们觉得很难接受，但这就是很多孩子面临的事实。

以下是一些让人大开眼界的真实体育数据。许多孩子从小就梦想着在大学及以后的人生中参与体育运动，但在美国目前参加高中体育运动的近 800 万学生中，只有 4.95 万学生会在美国大学生体育协会（NCAA）盟校中打比赛，只有很少的一部分人能实现他们成为职业运动员或奥林匹克运动员的梦想。[97] 比如，这里有一组 2016 年美国大学生体育协会发布的棒球方面的数据：在美国职业棒球大联盟（MLB）的 1206 名获选新秀中，只有 695 名来自美国大学生体育协会成员学校。很多学生运动员在大学毕业后都不打棒球了，还有很多人在继续打，但进不了棒球大联盟。[98]

这些真实的数据似乎能缓解我们的压力，但不幸的是，它们并不能让我们感到轻松。我不知道我曾多少次听到父母或教练在谈论"孩子的足球生涯""高中奖学金"，或是"演艺生涯"。生涯？他们还只是孩子啊。为什么就不能让他们因乐趣而运动？或因友情？或因对比赛的热爱？或因对艺术的热爱？你还记得我在本章的开头采访你时问到的问题吗？为什么我们期望孩子知道那个问题的答案呢？我们自己在他们这个年龄时都无法回答那样的问题。

如果你的孩子不是出色的足球小健将，也不是可以刚 12 岁就能在大奥普里剧院（Grand Ole Opry）演出小提琴的神童，这都没有关系。我们让孩子做选择的时候，必须考虑什么可以激励和鼓舞他们，什么可以让他们快乐，什么可以让他们觉得自己在为这个世界做贡献。

幸运的是，除了我，还有更多的人已经关注到了这个问题，正在为之寻求解决方案。因为这种追求过度成就的不健康动机，我们的顶级教育专家已经开始制订计划帮助孩子和父母。教育者也减少了学业和课外活动的压力，为我们的每一个孩子创造更平衡的生活。例如，哈佛教育研究生院在 2018 年发布了"让关爱更普遍"的项目。[99] 同年，斯坦福大学发布了"挑战成功（Challenge Success）"项目。[100] 这两个项目都有开放的在线资源。

至于我本人，我不喜欢把离开一项活动称为"放弃"，我更喜欢称之为"改变路线"。我总跟我的孩子说他们可以追随自己的内心，不用担心会让我或爸爸失望。在他们的人生旅程中，只要他们尽力而为，我们会一直支持他们。我们希望给孩子提供灵活的空间，让他们自己解决问题。所以当孩子在我们跟前提出自己可能要"改变路线"的时候，我们会让他思考为什么想要做出这样的改变，但最重要的是，我们会让他思考自己要怎样做出这样的改变。他们将如何度过这次轻微的调整？他们的行动计划是什么？

我给你们举例说明这在我们家里是怎样进行的。亚瑟 7 岁的时候，才打了几个赛季，他就决定再也不打棒球了。才 7 岁的他已经放弃了。

我丈夫对此很不悦，他真的很想让亚瑟打棒球。但亚瑟说他热爱的是足球。我们觉得他做出这个决定是因为在那个时候，他在足球方面做得比棒球方面要好。我们让他自己做决定，让他知道我们是支持他的，暂时休整一下，"改变路线"，这是可以的——如果下个赛季的时候他又有了不同的想法也是可以的。他对自己不打棒球，而是踢足球的决定感到很满意，一切都进行得很顺利。

到了下个赛季，我丈夫正在帮杰克逊报名参加棒球赛。我们决定问一下亚瑟他想不想参加。亚瑟说他得考虑一下，他的确考虑了。几天后，在和杰克逊交谈的时候，亚瑟宣布他想继续打棒球。就这样，他又回归棒球，再次改变了路线。在我撰写本书时，他既踢足球也打棒球，但棒球现在成了他最爱的运动。我很高兴我们给了他信心，让他在不想打棒球的时候勇敢地告诉我们他不想打。后来他自己又重新喜欢上了棒球。杰克逊在那个时候也说棒球是他的最爱，但在 12 岁的时候他转向了高尔夫。谁知道一年之后，他们又喜欢做什么呢？对我来说这都无所谓。

在这里我想说的是：孩子的爱好是一个不断变化的目标，随时都有可能发生变化。所以要给他们自由，让他们选择自己想要做什么，而不是强迫他们去做你认为他们应该做的事，尤其是他们已经决定不想再做的事。给他们提供机会，让他们发现驱动他们的是什么。创造一个让他们有安全感的环境，在这个环境中他们可以根据自己的心声做出自己的决定。这只是育儿过程中的一部分，是他们人生旅途中的一部分，是他们成长路上的一部分。于我而言，我很期待看到下次吸引亚瑟和杰克逊眼球的又会是什么。

专家育儿建议：相信孩子的选择

● 在谈论孩子正在做的事情时要注意方式。记住："放弃"与"改变路线"。

● 让孩子接触各种类型的课外活动，让他自己去从中做出选择。多听少说是培养同情心的一种好办法。

● 设定合理的界限，规定孩子在合适的时候可以自己做决定，同时规定你作为父母什么时候可以有决定权。例如，你可以规定在赛季中途不能退出。

● 持续关注最新的研究结果和教育中的最佳实践。

● 相信并知道你的孩子正处于此刻他应该在的位置。

通往领袖的路

2018年，我通过我的非营利组织"关爱关键"举办了一场活动。活动中的一位演讲者是一个很了不起的女孩，叫娜塔莉·汉普顿（Natalie Hampton）。娜塔莉花了30分钟时间讲述了她在小学时受到欺凌的经历。她以一种适合小学和高中孩子的方式描述了这些欺凌是怎样伤害到她的内心深处的。在场的父母和孩子都端坐在凳子上，感受着她的痛苦，很多人眼里泛着泪水。

可悲的是，欺凌的故事在我们的社会很常见。但这里我想强调的是娜塔莉是如何摆脱这段经历，最后成为反对欺凌的全球领袖的。

娜塔莉看到她人生中的这段艰难时光，找到了她所热爱的事情，这种热爱驱使她去帮助别人。她帮助受霸凌者的一种方式就是开发了一款叫"和我们坐一起（Sit With Us）"的应用程序，让大家找到归属感。这款应用程序很简单。如果你在学校一个人吃午餐，你可以登录程序，在学校里找一个人和你坐到一起。这款程序已经在全美的学校得到了应用。

我刚才谈到要让孩子接触各类活动，拥有各种经历，去各种地方，结识各种人。这种经历的益处之一是可以培养孩子的领导力。但是你怎么让孩子有机会成为领导者呢？不要害怕，你的孩子不一定要经历生活中的困难才能成长为崭露头角的小领导人。你可以看到父母在家里可以怎样给孩子教授娜塔莉成为领导的技能，包括解决问题的能力，有同理心的能力，善于表达的能力。你可以把这些内容融入日常育儿的过程中去教授，以一种创伤更少、更小的方式给孩子传授这些技能。

研究表明，通往领导者的道路在生命早期孩子开始建立人际关系、获得人生经历的时候就已经开始了，具备领导力的各种特质会在孩子进入青春期时合并体现出来。[101]

描述领导者有很多方法。有意思的是，我对孩子身上的领导力进行了研究，发现很多关键特质和我在这本书里向你介绍的特质相吻合：复原力、同理心、自我意识、创造力、好奇心、正直以及倾听的技能，还有一些其他特质。另外一个重要特质——适用于任何情况，不仅仅是领导力——是自我调节，密歇根大学的一项研究把这个术语定义为："一个人控制自己的思想、情绪和为达到预期结果采取的行动的能力。"[102]

你会发现在早期学习标准中，"领导力"这个词并不常见。但是在美国的许多州，"领导力"这个概念依然影响着社交情绪学习的结果，在诸多关键词语中都可以看到这个概念，比如："自信""解决问题""亲社会行为",以及"做出独立的决定和选择"。[103] 例如,宾夕法尼亚州学前早期学习标准(Pennsylvania's Pre-Kindergarten Early Learning Standards)的社交情绪部分就包括"了解并陈述独立的思想和感情",以及"自信、独立地参与新的体验"。[104]

劳伦斯小学(Laurence Elementary School)的孩子学习领导力的方式之一是通过"解决和发展(solve and evolve)"课程。该课程鼓励孩子看到问题,想出解决方式,从而在这个过程中让自我得到发展。课间休息的时候,如果一个孩子觉得自己融入不到其他人当中,老师就会找第二个孩子来帮他融入进来,老师会问:"你觉得你能帮上什么忙?"第二个孩子可以给出几种想法,找出自己可能会用到的一种,然后试着帮助那个心情很糟糕的孩子。这听起来很简单,却很管用。这样做培养了孩子解决问题的能力,而领导人必须是能解决问题的人。

除了孩子在学校里接触到的课程外——我还想引入积极的同伴压力,把它作为培养孩子领导力的方式之一。(是的,同伴压力可以是积极的。)领导者要在群体中表现得很自在,包括这个群体是由其他领导者构成的情况下。他们也需要辨别自己应该跟哪种人建立社交关系。宾夕法尼亚州立大学(Penn State University)的教育专家表示:"从小就要教孩子怎样成为领导者,这样做可以帮助孩子在青少年时期应对同伴压力。做领导者并不是一门精确的科学,但给孩子教授成为领导者必备的技能是很重要的,这有助于让我们的下一代做好当领头人、成为负责任的成年人的准备。"[105]

作为老师和妈妈,我相信帮助孩子学会选择同伴、学会和同伴相处、学会倾听能对他们产生积极影响的同伴,这一切就掌握在我们的手中。以下是如何帮助孩子从同伴中找到领导者的方法:

●尽早开始谈及这个话题:给孩子讲同伴压力,越早越好。经历几种和孩子年龄相符的情景,和孩子讨论可能的解决方式。

●了解孩子的所有朋友:知道他们的名字,和他们的父母或监护人之间有开放的沟通渠道。

●了解孩子潜在同伴的价值观：问孩子"你想成为朋友的这些人和你有着一样的价值观吗？他们是否有兴趣帮这个世界变得更好？"

●说"不"的力量：这点我之前已经谈过了。孩子要学会说"不"，很多成年人都很难做到这点。如果你给了孩子在必要时说"不"的能力，这表明他可以给自己做决定，包括对消极的同伴压力说"不"，对积极的同伴压力说"是"。

●肯定好的选择：当你看到孩子在参与积极的同伴互动时，可以指出来，让他知道你为他感到自豪，他也应该为自己感到自豪。

如果说你的孩子已经开始培养领导技能和相应的性格了，那下一步就是帮孩子找到机会，把这些技能应用到实践中。在学校里，老师通常会培养孩子的责任感，包括把担任领导角色引入到教室体验中，比如任命整队负责人、办公室助理、学生会成员，以及介于这些岗位之间的其他领导者。

最重要的是，我们在家里就可以给孩子提供当领导者的机会。在这种情况下，就有了鼓励和我喜欢称之为"温柔的推动"的东西。温柔的推动指的是不要告诉孩子去做什么，而是通过温和的建议和引导性的问题，引导孩子掌握我所说的那些积极的技能，然后温柔地推动他们朝着领导人的方向走去。在我看来，领导力更多的是一种存在状态，而不是某个特定时刻的特定角色。在一天当中，在简单的任务当中，领导力可以有很多表现形式。让大一点的孩子照看小一点的弟弟妹妹就是在培养领导者。教你的孩子给予他人就是在培养领导者。给孩子提供空间，让他发现什么能使他兴奋也是在培养领导者，这样做可以让他在自己热爱的事情中扮演领导者的角色，比如让他成为自己最喜爱的体育运动的队长。领导力在生活中无处不在。

最后，如果你想让孩子成为领导者，你就要做好示范。你是一个好的领导者吗？不管是在家里还是在外面。你会倾听孩子的想法，可能的时候让他们找出自己的问题吗？你是如何作为领导者，与这个世界打交道的？

通往领导者的路是一生的旅程，你可以引导孩子沿着这条路走下去，你可以帮助孩子始终在这条路上前进。

领导力能让孩子把控自己的生活，并有能力让事情发生。领导力能让孩子对自己充满信心，对周围的人充满信任。领导力可以帮助孩子创造性地解决问题，并在团队中工作。也许，和娜塔莉一样，领导力还可以帮助孩子成为世界上的一股积极力量。领导力是生活的一部分，领导力属于我们每一个人。

专家育儿建议：教授领导技能

如果你对于在家里创造培养领导能力的机会感到不知所措，你可以考虑以下重点：

● 孩子在自己热爱的事情中表现得最活跃。你的孩子在什么地方会发光，就去那个领域培养他的领导能力。

● 把孩子培养成一个给予者。同理心是生活中最重要的特质，也是领导者应该具备的重要特质。

● 帮助孩子为自己发声。对孩子要温和，不要逼迫孩子成为你认为他应当成为的那种领导，去发现你的孩子想要如何在这个世界上展现自己的领导力。

● 教孩子学会如何道歉、如何原谅。鼓励孩子成为有同情心的倾听者。

● 鼓励孩子和对他有积极影响的朋友联系。

● 期待你的孩子具备当领导者的能力，无论他属于哪种性格。

不再对比！作为父母，相信自己

本章我花了大量笔墨在谈论你应当在什么时候相信孩子，以及怎样去相信孩子。但作为父母，你也要学着去相信自己——去真正相信在关键时刻，你会用你所拥有的信息和能力做出最好的决定——这与相信孩子同样重要。当你觉得你可以相信这个过程，相信你内心为人父母的本能时，即使外部世界或来自社会的压力在给你传递不一样的信号，但你和孩子依然能拥有坦然做自己的自由。

这是我们追求的理想状态，但大量不同的意见使得相信自己变得很难。初为人父或初为人母的那几年让人筋疲力尽，胆战心惊，似乎我们经历着无休止的情绪低落，总在事后对自己有无尽的怀疑。面对社交媒体和博客上育儿帖的轮番攻击——"这种方式是最好的""那种方式是错误的""永远不要那样做"——新手父母，哪怕是经验丰富的父母，会很快失去自信。这种事在我身上不止发生过一次。

举一个例子。可以这样说，母乳喂养的那段时间是我经历过的最糟糕的阶段。喂养孩子的责任像压在我身上的一个重担，让我压力很大，我的奶水远远满足不了我的小杰克逊的需要。我的哺乳专家鼓励我继续坚持下去，她说："这是你能为孩子做的最美妙的事情，这是你和孩子之间建立纽带的方式。"但我没有做到。

所以从根本上来说，我觉得如果我不给孩子母乳亲喂，那就是在伤害我的孩子，在伤害我自己，在伤害我们的感情。

我觉得自己很失败，很无能，很不称职，很无助。但是，转念一想……还是很庆幸自己当了母亲。

小提示：这种对自己缺乏信任的感觉很糟糕，让我变得很焦虑，我很担心我们的孩子是否从我身上和我丈夫身上得到了他们应该得到的一切。我和无数有同样感觉的父母进行了交谈，他们也很怀疑自己的这种育儿方式是否正确，内心没有安全感。这些父母的意见各不相同，这种比较是无可回避的。当你迫使自己去观察别人的育儿方式的时候，你很容易就会拿自己去跟他们比较，这是不公平的。

作为成年人，我们总是在对比，总在努力要"赶上琼斯家"，总喜欢把每个人和世界上的其他人进行比较。但越是这样的时候，我们越要重新审视自己，相信自己的能力，想清楚你需要为自己和孩子做什么。在育儿方式的选择上，你不可能做到尽善尽美——没有一个人可以做到完美——但你要相信你会尽你所能，要相信对孩子而言，拥有你就足够了。迪帕克·乔普拉（Deepak Chopra）说过："你爱当下的自己吗……拥有足够的爱的孩子能从父母身上学到一种自我价值感，这种自我价值感可以持续一生。"[106] 在你情绪低落的时候，可以采取以下方式，帮助你（和你的孩子）善待自己，对自己有同情心，爱当下的自己，即使这个世界似乎在给你传递相反的信号：

● 对着镜子里的自己微笑。
● 让别人赞美你。
● 当别人认可你的时候，尽情沉浸到那种认可当中。
● 偶尔犯下小错误的时候要对自己温和一点。
● 珍惜当下的自己，为自己站出来。
● 像一位朋友一样去了解自己。
● 接受自己的个人癖好。
● 要尽可能地自如，不要想这样做可以讨得某些人的欢心，或担心可能会让一些人不悦。
● 当你知道该说真话的时候，就说真话。[107]

所以，尽量不要拿自己去跟别人比了。反复提醒自己，这样做没有任何好处。孩子在看着我们，听着我们，要确保他们听到的是积极的信息，确保他们觉得我们所看到的、理解的就是真实的他们——这才是他们与众不同、独一无二的地方。

除了不要拿自己和别人做对比之外，也要避免在你的孩子之间进行相互比较（或跟其他孩子对比），这一点很关键。这样做不仅没有用，还会给你和孩子带来不必要的恐惧和焦虑。当你发现自己在拿孩子和某些"正常标准"做比较时，你可以选择去相信可以接触

115

到的研究结果,去了解什么时候你应该采取行动,什么时候又该让孩子按自己的节奏成长,在自己的空间里生活。

我承认在孩子还小的时候,我也拿他们进行对比。我会在自己的心里偷偷对比,或者在我跟家人朋友聊天的时候进行对比。我知道我这是在拿他们做对比,但我依然会继续如此,我忍不住。杰克逊和亚瑟之间只相差一岁,所以就很容易去对比他们各自在做什么,基本上是同时在做。让这种比较变得更容易的一点是我每个月都会为他们各自写日记。这样做让我很容易就可以对比和亚瑟同样大的时候,只不过往前推一年,杰克逊在做什么。我关注到了他们成长中的每一个里程碑:第一次笑,第一次学走路——很多的第一次。我之所以这样做是因为我想确保他们走在正轨上,确保他们是健康的,一旦发现有什么不对的地方,我可以及时提供他们所需要的东西。比如,我知道在美国,每68个孩子中就有一个患有自闭症谱系障碍,而且所有相关的研究都表明越早诊断出来,就能越早开始帮助孩子。[108] 所以我要确保自己了解所有相关的迹象,以便能改变孩子的成长轨迹——如果我的孩子真的被诊断出这种疾病的话。现在回头看这些日记,我才知道我是多么关注他们所做的事情。这里有一篇我为亚瑟写的日记:

亲爱的亚瑟:

现在你已经快8个月大了,你特别,特别地可爱。你总是笑盈盈的。现在你喜欢爬来爬去,喜欢往所有的东西上爬。我管你叫我的"超胆侠"。我们必须关注你的每一个举动,你从婴儿床里往出爬时就划伤了眼睛。我们觉得你几乎就要走路了,因为你能自己站起来。昨天晚上,你第一次吃了和我们同样的晚餐。你吃了鸡肉、米饭,还有牛油果!你超爱吃牛油果!

真的很爱你。

妈妈

以下是同一天我为杰克逊写的日记：

亲爱的杰克逊：

你竟然已经会说话了！我和爸爸发现你至少有300个词的词汇量。我们把你会说的话都写下来了，你很善于交流。你很快就可以上学了，我们就可以学"妈妈和我"的学前课程了！

你喜欢《托马斯小火车》(Thomas the Train)，喜欢托马斯所有的朋友们。你还是那么爱打高尔夫！

全心全意地爱你！

妈妈

所以你看到了，我尽量把所有的一切都记录下来。笑的时候，对比一下；站的时候，对比一下；说话的时候，再对比一下。有了这些日记，我就可以确保亚瑟的成长和杰克逊的是一样的。如果亚瑟在某些方面比杰克逊超前，我就要确认一下杰克逊在这方面的发展是否正常。但在当妈妈的路上，随着我的不断成长，我对一切会好起来这一点更有信心了，所以我能够适当地放下比较了。

但让我真正不再去比较的原因是我脑海里出现了这样的念头：我不想任何人拿我和别人比，那我为什么要在孩子之间相互对比，或者把他们跟其他孩子比呢？这说不通，这样做没有任何意义。而且研究表明，在兄弟姐妹之间进行相互比较对孩子的自我价值感有负面影响。

在杨百翰大学（Brigham Young University）的一项研究中，研究者发现："父母很难不去注意或思考孩子之间的不同。这是很自然的。"[109] 但是"除了父母实际用到的育儿方式，他们对孩子的信念会影响到孩子会成为什么样的人"。[110] 所以要帮助孩子取得成功的话，父母应该去关注每个孩子独一无二的长处。

相信你的育儿之路,相信孩子与生俱来的健康,相信自己能当好父母。尤其重要的是,要相信你是这个世界上最了解你孩子的人。此时此刻,你正在竭尽所能,创造你自己梦想中的城堡,为你的孩子创造最好的环境。

专家育儿建议:摒弃对比

●坚持写日记,这样做可以:(1)记录医生眼中所有的里程碑时刻;(2)记住这些珍贵的瞬间。

●记录孩子成长过程中的里程碑时刻,但是和别人相比,如果你的孩子"跟不上进度",也不要担心。相反,要享受他们慢慢成长的过程。

●庆祝孩子拥有自己的个性,帮助他认可自己的个性,让他对自己说"我是被爱着的""我很善良"之类的简单话语。

●庆祝孩子拥有自己的不同之处。让孩子接触和自己不同的人,让他们去探索是什么让世界上的这些人与众不同。

●无条件地爱你的孩子,无论在什么情况下都要爱他。

C.A.S.T.L.E.

第五章

爱

你能为促进世界和平做点什么？回家去爱你的家人。

——特蕾莎修女

爱是构建家庭城堡的基石。乍一看，爱和同情似乎是一回事——或者至少在意思上是非常相近的。同情是对他人所承受的苦难怀有同情心，有想要帮助他人缓解这种苦难的愿望。而爱是对某人怀有一种深深的喜爱和依恋。有同情心并不一定就有爱，但有爱就一定有同情心。

孩子需要来自父母的爱，也想拥有来自父母的爱。孩子能清楚地意识到父母是否爱他，以及有多爱他，当他们得到了来自父母的爱时，就会珍惜这种爱。要阐释这一点，我想分享杰克逊在一项学校作业中写的诗：

亲情

杰克逊·邦尼，11 岁

我记得房子里洋溢的温暖
每个人都知道我们内心充满幸福
不是因为我们收到的礼物
而是因为我们拥有的幸福
当我们送出色彩鲜艳的礼品盒时
我们觉得欣喜万分
和你拥有大家的珍惜和关怀时
所体会到的感觉是一样的
亲情是我们要拥抱的东西
而不是要推开的东西

它是如此地重要，如此地珍贵

很多人很难拥有它

我们的世界需要意识到

对幸福而言最重要的不是物质的东西

别人能让你觉得自己被需要

别人能让你感到心满意足

只有一个词可以描述这样的画面

那就是亲情

童年的爱

父母给予的温暖会影响孩子当下的幸福，也会影响孩子整个成年时期的幸福。相关的研究和轶事证据都表明，亲情对我们的情绪健康有着很大影响，这种影响可以是积极的，也可以是消极的，既会影响我们的情绪，也会影响我们的行为。哈佛大学最近的一项研究表明，童年时期拥有慈爱父母的孩子可以在以后拥有更美好的人生。这项研究先评估了童年时期父母给予的温暖、喜欢和爱，然后评估了中年时期的活跃因素（比如幸福感、自我接纳、社交关系，以及为社区做的贡献）[111]。即使研究排除了社会经济学和其他因素，依然不影响结论的真实性。父母的爱和孩子的发展之间的关系是很明显的，并且是持续存在的。那些觉得自己的父母很温暖、很慈爱的人更有可能在成年时期发展得更好。这项研究的负责人泰勒·范德韦勒（Tyler VanderWeele）说："我们看到父母给予的温暖可以给孩子带来更多的幸福，让孩子拥有更多的社会接纳，还会降低孩子抑郁、焦虑和吸毒的风险。"[112]

在育儿过程中，我们可以把这项研究作为一种很实用的工具，它证明在当下及将来，爱孩子、向孩子表达我们的喜爱真的很重要，这是我们每天都可以去做的事情。弗里德里希·尼采（Friedrich Nietzsche）曾说过："在家庭生活中，爱是化解摩擦的润滑油，是把我们结合得更紧密的胶合剂,是带来和谐宁静的乐曲。"

玛丽·伊丽莎白·迪恩（Mary Elizabeth Dean）博士拥有十多年的教学经验,且有担任课程带头人的经验,是著名的教育家。爱孩子似乎是你的本能,不需要培养,但迪恩博士解释说亲情是一个渐进的过程:"健康的亲情是从父母开始的一种选择,它不是不需要思考和付出就能自然出现的东西。培养健康的亲情关系要贯穿家庭生活的始终,这样做有很多方法……作为能积极回应孩子的照护者,你要首先让孩子得到'安全依附',这种依附能让孩子在以后的人生中更擅长社交。除了能让孩子身心更加健康,安全依附还能提高孩子与别人形成健康依附关系的能力。"[113]

与之相似,哈佛大学的一项纵向研究对81个研究样本进行了调查,然后发现"和父母之间在童年时候拥有温暖关系的孩子,在以后的人生中能和亲密伙伴之间建立安全依附关系,这一联系会受到中年时期个人所依赖的情绪调节方式的影响,这种情绪调节方式会促进或抑制亲密关系的产生"。[114] 这些研究都表明童年时期所处的环境会影响成年之后一个人的发展。

自爱的重要性

所以有意地培养家庭成员之间的爱是很重要的。那你怎样去做呢？自爱是你育儿之路上最重要的一步。这似乎有点违反常理,尤其对那些一心扑在孩子身上的新手父母而言,但实际上这并不矛盾。在这里我要谈的不是我们在网上到处看到的那种:"自爱""自我关爱",再配一张图片,图片上是一位妈妈躺在海边,手里还拿着一杯"激情海滩"鸡尾酒。的确,这也是一种自我关爱,去度假是很好的,我完全赞同去度假！但是在你可以爱你的孩子之前——教他们学会爱自己之前——你必须首先要学会爱你自己。之前我已经多次学过这门课,现在我依然在学习。在过去这些年,因为我进行过的学习和研究,以及作为一名现实中的妈妈,还有我经历过的许多在职培训,都让我在一定程度上提高了自信,但自信并不意味着自爱。学会爱自己的一个关键要素是要明白你来自哪里,包括现在依然在驱动你(作为一个人,也作为孩子的父母)的童年经历是什么。

在这本书快写到一半的时候,在我还没有把写这本书的消息告诉书商、出版社之前,我停下来不写了。当时我选择停下来是因为那时候我太忙了,现在回头再看的时候,我发现那次的暂停是注定的,虽然我的出发点很好,但我依然觉得自己以及自己的育儿经历尚不足以让我写出这本书。我当时觉得自己所做的某些事情似乎不对,我需要深入对自己进行研究,找出原因。但我不知道该怎样去做。

在我接触到专业医疗助理及联合认证教练苏珊娜·莫里斯(Suzanne Morris)后,她从某些方面帮我意识到,我的育儿方式是基于我自己的教育经历的。作为孩子,我内化了一些我父母的育儿策略,然后无意识地把其中一些策略用到了我自己的家庭中。正如我为了这本书再次采访她的时候,苏珊娜所说的:"在我们的内心都住着一个孩子,她依然存在并保持活跃,那就是我们内在的自我——那个孩子通常控制着我们,哪怕在我们成年的时候。"[115]

在此我要说明我的父母很好,他们竭尽全力为我做了能做的一切,但是他们教育我的方式和我想教育自己孩子的方式之间存在不同。好在苏珊娜和我没有花费多年时间做心理治疗就发现了这样的不同。实际上,我们很快就理清了我的头绪。为了帮你也理清你的头绪,在此我要引入苏珊娜的研究。

除了她本人的教育经历外,苏珊娜的工作更多的是基于她的临床治疗,她花了2000多个小时和病人交流,去了解真正影响人及他们的行为的是什么。苏珊娜很快就明白她得帮父母前进,但是为了不把他们与小时候的自己绑在一起,他们必须明白有哪些形成性的经历真正影响着现在的自己。这和哲学家、散文家、诗人、小说家乔治·桑塔亚纳(George Santayana)的一句名言很契合,他曾说:"忘记过去的人注定要重蹈覆辙。"[116]苏珊娜发现这之中有一个重复的模式,她这样描述这一模式:"我们的所见所闻都在影响着我们,大多数的这种影响在我们非常小的时候、在我们还在成长的时候就已经发生了。我们形成了我称之为'操作系统'的东西。这是我们的蓝图,也是我们生活的方向,是我们所有欲望、动机、回应、反应、导航的母板。它们都源自这个操作系统。如果我们能够意识到是什么创造了我们的操作系统,我们就可以选择释放那些不起作用的东西。"[117]

苏珊娜曾给我阐释说:"如果有人在7岁时曾经历过一次分离,那现在他们跟我说话的时候,我立刻就能看到那次分离对他们的身体和精神依然有影响——他们的样子看起来只有7岁,他们所说的话听起来也只有7岁。我在工作早期就认识到了这一点。我们都开发了一个操作系统,就像电脑一样,它就在我们的硬盘上。它会伴随我们的一生,除非我们重置它。"[118]

你会影响孩子的操作系统,就像你的父母影响你的操作系统一样。为了确保这种影响是对孩子有益的,苏珊娜表示,对孩子来说,不被父母忽视是至关重要的。为了帮孩子能真正地被看到、被倾听,苏珊娜说一切要从"基本人权"(所有孩子都有健康成长的需要)开始,她列出了其中的五项:

1. 无条件的爱。这是父母对孩子怀有的第一种感情,可以让孩子知道无论什么情况下,他都是被爱着的。

2. 安全和安全感。既包括身体上的安全,也包括情绪上的安全。

3. 关注和接纳。孩子可以通过像"我懂你""我很看重你""我尊重你的个性"等肯定的语言感受到你的关注和接纳。

4. 扶持性的行为,比如在孩子经历考验或取得胜利的时候表示出理解、支持、赞扬和温暖。

5. 通过树立良好的榜样,教导孩子对纪律、公平和耐心形成健康的界限。

现在,有意思的地方来了。苏珊娜说:"如果你的某一项基本人权没有得到满足,你只能从下列两件事中选择一件来做:第一,创造一种行为,最终让你的基本人权得到满足;第二,过度弥补没有得到它的不足,满足自己的需求。这两种方法都变成了一种生存行为……在大多数情况下,我们不知道如何去做没有人教过我们的事情,所以这变成了代际问题。如果我出生在一个不知道如何互相交流的家庭中,我就不会表达和处理这些感觉,并与内在的自我进行交流,那等我有了孩子,我依然不知道首先该如何与自己交流,然后再和孩子交流。"就这样,我们把它从一代人传到下一代人。

苏珊娜在她的书中写道:

> 知道和学习如何做一些没有人教过的事情是很难的。如果某些事是从来没有人给我们示范过的,或给予过我们的,那很有可能我们现在依然很难知道怎样把这些东西给我们自己。有时,我们甚至会阻止别人给我们这些东西,因为我们以前从来没有接受这些东西的经历。它可能会让我们感觉如此陌生,所以我们可能不相信自己有资格接受他们。通常,我们会在某个领域对自己进行过度补偿,以感受我们没有得到过的安全感,或证明我们对自己所具有的价值。我们也会创造某种行为,从外部满足我们的这些需求。这些都属于生存行为。如果你在生活中具有某种生存行为,这意味着你已经创造了一种方式来满足这种需求,并做出一些事情来确保这种结果。[119]

在这里我分享一个苏珊娜告诉我的关于她本人的故事。苏珊娜天生就和她的母亲很不一样,所以母亲不理解她的感性或感性发展的时期。在苏珊娜还是个孩子的时候,母亲就常常说她很难相处。现在她知道了,她只是比较感性而已,但直到20多岁时她才明白这一点。

苏珊娜接下来告诉我的事让我很感兴趣。她的儿子碰巧和她一样——也很感性。她说如果她不明白自己的操作系统中缺失了什么，如果她没有坦然接受这一点，那她就会把母亲当初对待她的方式再传给儿子，作为一个感性的人，儿子可能就不会完全表达自己的需求。

从某些方面来说，苏珊娜的例子完全讲得通。她必须学会一些生存技能，在这个她"很难相处"的世界里生活，她通过学习掌握了如何"应付"每一个人、每一件事。她的确用这样的方式生存了很长时间，但那样的她不是真实的自己，她无法以真实的自我在这个世界上发挥作用。她的故事让我恍然大悟。

如果你担心你的"操作系统"已经变得很糟糕了，不要焦虑。你随时可以开始这项工作，你总是可以这样做。苏珊娜建议我们可以从上述的基本人权入手，沿着你的记忆逐一解决。"这是一种摆脱生存行为并继续前进的方式。"

首先，找一个安静的地方坐下来，静静地回想几分钟。你可以问自己："我得到的是什么？我没有得到的是什么？"

要允许自己意识到发生在你身上的事，感受随之而来的情绪。苏珊娜给我分享了下述做法：

● 找一张自己的照片，这张照片要能把你和曾经的那个孩子以及当下仍然是你的内在自我的那个孩子真正地联系起来。

● 去感受你对那个孩子所怀有的爱和同情，然后允许那个孩子变得愤怒。你不需要给你的父母打电话，告诉他们你很愤怒，但愤怒意味着，作为成年人，你可以认可并接受那个孩子的感受。这是重新教育自己的过程。

● 肯定地告诉自己："你是对的，你没有得到这些东西，我很抱歉。你可以因此而愤怒。"允许内在的自我变得愤怒并保持这种情绪。苏珊娜说："你必须把握住空间，让你内在的自我再感受一次这种情绪。"

● 一旦你让内心的那个孩子感受到了这种愤怒，那这种情绪就会消散。你会感受到被倾听的感觉，你内在的自我也会感受到被倾听的感觉。

当你开始这个过程的时候，你会对你的父母怀有同情。你还记得本章开头提到的爱和同情之间的区别吗？除了在少数的家人和亲密朋友跟前外，爱和同情在生活中并不一致，但在这里这两个概念可以共存。你可以想象一下你的父母当时经历了什么。当父母对他们来说很难吗？也许他们也在努力创建一个美好的家庭，但一直觉得自己做不到，就像你一样。

苏珊娜告诉我："这打开了你对家人怀有同情心的大门，也打开了你对自己怀有同情心的大门，扩展了家庭的体验。这不是一个完美的家庭，但一定会是一个更好、更幸福的家庭。和我们自己之间的关系——真正地爱自己，对自己怀有同情——优先于任何人或任何事，因为当我们因为自己发展起来的生存行为而对自己苛刻时，它就变成了我们心中严厉的家长。"苏珊娜把这一内在批评家称为"看门将"，就是站在你门口确保你的安全的士兵。这是你用来保证自己的安全、稳定的方式，但如果我们对自己过于苛刻，就会缺乏自我同情和自爱。这使得我们很难在孩子面前保持快乐、有爱和慈悲，反过来，这使得我们很难教会他们这些行为。如果你对自己不好，没有同情心，你的孩子就会看到并吸收这一模式，形成他们自己的严厉的"看门将"，从而限制他们的成长。

事实上，我们每个人的内心都有一个美丽的小孩，那是我们真实的自己，这个自己在童年时候要么得到了培养，要么受到了摧残。作为父母，你必须对自己怀有同情，真正考虑你内心的那个小孩。这并不意味着你要停止奋斗。苏珊娜说："在对自己怀有同情时，并不意味着我不用对自己负责。"相反，这种内在的理解是驾驭你内心世界和周围世界的关键。它会让你明白自我同情和自爱对你的情绪健康至关重要，不管是作为自己内心的一个孩子，还是作为父母的成年子女，或者作为孩子的父母,自我同情和自爱对你来说都很重要。苏珊娜表示,我们可以在自己身上培养新的一部分,她称之为"支持性的内在父母",让它来帮助我们培养自己,然后培养我们的孩子。

苏珊娜在育儿之路上给我提供了帮助。现在的我虽称不上完美,但我对自己做出的决定很坚定,对自己作为父母和个人的角色也有了更多的认识。

这里还有苏珊娜给出的最后一条建议,我很喜欢她的这条建议:给你内心的小孩起一个名字。我就是在她问起我的时候起的名字,而且我总是反复地想到这个名字。我内心的小孩名叫"乔伊(Joy)"。每次当我觉得自己和真实的自己之间产生偏差或分裂的时候,我就会尽力做回乔伊。要做到爱自己是需要时间和练习的——真正地爱自己,爱自己的每一个部分——但光是认识到这一点就能给你很大帮助。我知道你可以让自己的操作系统变得更好,你可以学着去教孩子学会爱他们自己,就从你现在所处的位置出发吧。

专家育儿建议:认识内在的自我

● 从身体上、思想上、精神上照顾好自己。

● 给自己送一份礼物:接纳自己。

● 在学习如何与自己和平相处,如何爱自己的过程中,让自己得到智慧。

● 在生活中为自己提供积极的常规。

教孩子学会自爱

现在,我们来谈如何教孩子学会自爱。在本书中,我们已经多次谈到给孩子做好榜样的重要性,在本章的开头我们也谈到了你怎样给孩子做好自爱的榜样。

这里,我要跟你分享的是另一种教孩子学会自爱的方法,这个方法可能不是你想的那种。

接下来我先从世界上我最喜欢的育儿专家，我最伟大的导师之一米歇尔·博芭（Michele Borba）开始。博芭博士是享誉全球的教育心理学家，著有25本育儿书籍，其中包括畅销书《我们都错了！同理心才是孩子成功的关键》（UnSelfie）和她的最新著作《茁壮成长：养育有生命力的孩子》（Thrivers:The Surprising Reasons Why Some Kids Struggle and Others Shine）。2020年9月，我为做博客栏目《尚在建设中的孩子》有幸采访了博芭博士。[120] 本章要介绍的内容正是她与我分享的众多事情中的一部分：如何通过帮助孩子找到自己的爱好来激发孩子爱上生活、爱上自己。她表示这样做并不是育儿世界中一些无聊的期望，并给我解释了原因。事实上，这是去培养成功、平衡的孩子及成人的基础。

为了支持这一观点，博芭博士向我分享了她最喜欢的育儿专家及导师，艾米·维纳（Emmy Werner）博士的工作。（你感觉到这里的爱的循环了吗？）维纳博士想要弄明白为什么有些孩子在苦苦挣扎，而有些却没有。所以，她开始了一项纵向的研究，对同样的孩子进行了40年的跟踪调查。[121]

博芭博士介绍说："研究进行到中途的时候，维纳博士意识到她总能从这些孩子身上看到一些具体的共性。第一，成功的孩子与别人之间有联系，从而培养了他们的人际关系和同理心。第二，成功的孩子都具备一定的应对能力——也就是说，有人曾教过他们如何应对……正念或深呼吸，诸如此类。第三，她发现这些孩子都有能激发他们热情的爱好。"

博芭博士表示，这种爱好或热情，不管是木工、针织、棒球、跳舞还是读书，都是孩子会坚持一生的东西。这里让我们看到希望的地方是，当孩子们经历逆境时，他们会重新回到自己热爱的事情上，在这当中他们可以找到对生活的热爱，和对自己的关爱。从而让他们集中精力，拥有希望。

有关这一点,博芭博士说现在已经到了帮孩子找到爱好的时候——现在,就是现在。拥抱能鼓舞孩子的所有事情。你也许会问,所有事情吗?是的,无论你在哪个领域看到了他对生活的热爱,对自己的爱和欣赏,你就把这个领域呈现在他的面前。但是要记住,孩子的兴趣是不固定的:他的爱好和热情会变化、发展。我们永远无法完成学习、成长或探索的过程。

这很容易实现。你只用关注你的孩子,看他喜欢什么就行了。如果你的孩子是一位含苞待放的艺术家,就想方设法让他通过艺术来表达自己。举一个例子:杰克逊很有创造力,我管他叫"我的小小创造家"。在幼儿园时,某一年情人节快要到的时候,我问他是否想要自己动手做情人节贺卡。杰克逊很乐意,之后便投入其中,花了6个小时做出了一张情人节贺卡。他只有6岁,但他想出来的模型是一只大象向世界吹着心形的吻,一只绿色的小鸟坐在大象的头顶上,鸣叫出心形的样子!然后我们复印了几份让他拿给同班同学。我之所以这样做,是为了向我的孩子说明我在他身边,我会帮助他享受和发展他热爱的事情。你也可以这样去做。

请记住,只要你的孩子在发展自己的爱好,不管他的爱好是什么,他都在培养对自己的爱。吴玉(Jade Wu)博士,又以"有悟性的心理学家(The Savvy Psychologist)"而闻名,她说:"爱自己最好的方式之一就是让自己获得掌控和自由表达的满足感。"[122]

至于这种表达采取了什么形式,这无足轻重。重要的是,这就是孩子所在乎的。吴玉博士说:"人类是不满足于现状、富有创造力的生物。我们只需要表达自己。你也许从来没觉得自己富有创造力,因为你从来没有上过绘画课,钢琴也拿不出手,但并非所有的创造力都能被纳入传统艺术的匣子当中。也许你是晚宴上的喜剧演员,能让人们开怀大笑。也许你的万圣节装扮总是无人能敌……也许你的梦想是在地球上的每一块陆地上跑遍马拉松。"[123](或者就像你在后面几个段落中将要读到的,你的梦想只是收集运动卡片。)只管帮你的孩子找到他喜爱的东西——找到他热爱的东西——然后去观察他是怎样变得越来越爱自己的。"鼓舞（inspire）"字面的意思指的就是"精神上的（in spirit）"鼓舞。用韦恩·戴尔（Wayne Dyer）博士的话说："当你被某物所鼓舞时，这意味着你和你的精神在一起。"[124] 所以帮你的孩子去倾听他的精神，倾听他内心和灵魂的低语。这里有几个故事，是关于采取上述做法的孩子及其父母的故事。

亚当（Adam）的故事：热爱运动卡

下面我要介绍的是2020年夏天一个孩子表现出的爱好，2020年的夏天对许多孩子来说都非常艰难。12岁的亚当宣布了他最新的爱好：收集运动卡和纪念品，包括自己创业的梦想。

"太棒啦！"亚当的妈妈说道，"我为他高兴，但是同时我意识到他只有12岁。我知道他的这些爱好会发展、增强、变化、偏离正轨、回归正轨，或者在某一段时间就在偏离和回归中间徘徊……爱好是不固定的。但是作为他的母亲，当他告诉我他最新的爱好时，我很支持他，随时愿意以他要求或需要的方式帮助他。"[125]

亚当之所以有这样的新爱好，部分原因是他对那个让他了解到这一切的人所怀有的爱：那个人就是蒂姆（Tim）。蒂姆是亚当一家的朋友，他做的是收集运动卡和纪念品的生意。亚当经常来他的门店，他们两个聊起卡片就能一连聊好几个小时。有时他们两个会互相交换卡片，有时蒂姆会让亚当看到生活的现实——在他们的谈判中蒂姆毫不让步。

一次周末，亚当参加完一个卡片展之后去找蒂姆，他告诉蒂姆凭着自己的精明才干和渊博知识，他完成了有史以来最划算的交易。蒂姆立即承认亚当很有商业头脑，并送给了他一套篮球卡片。

这两个人在卡片和做生意方面有着共同的爱好，蒂姆充当着朋友兼导师的角色，在这样的过程中，亚当对自我和生活的热情和爱被激发出来了。

詹姆斯（James）的故事：热爱高尔夫

说到导师，我喜欢向教练学习。这些出色的导师在分享自己的专业知识时，真的能激发运动员的活力。我在本书中提到过，我儿子杰克逊喜欢打高尔夫。他喜欢高尔夫比赛。他也很喜欢他的高尔夫球教练詹姆斯，在我眼里，詹姆斯是激发孩子热情的五星级的、一流的激励者。有天在杰克逊训练的时候，我和詹姆斯聊到了这个话题。

詹姆斯一生都是职业高尔夫球手，专业教练。他说在他上高中的时候，曾目睹过一次他的教练和另一名高尔夫球手之间的互动。据詹姆斯说，那名年轻的高中生球手非常的优秀［他要去克莱姆森（Clemson），参加当时顶级的高尔夫职业球赛］，那时他刚开始跟上这位新教练训练。

在一次训练中，这名很了不起的高尔夫球手在训练场上犯了一个很大的错误，然后他开始反复地把球杆砸到地上。詹姆斯继续着自己的训练，但他偷偷瞄了一眼，看到他的教练走到这位心烦意乱的高尔夫球手跟前，轻轻地拥抱着他。教练告诉那个孩子，他还不是一个能把高尔夫球杆打进草地里的好球手，也不是可以参加职业高尔夫球协会巡回赛的职业球手。詹姆斯说他感觉那个孩子当时看起来很困惑。教练继续说："如果你想让我做你的教练，你就再不能那样做。你必须做自己最好的朋友。作为你的教练，我支持你。你的父母也支持你，但是如果你不站到自己这边，那你就没办法提高你的能力，增长你的热情。"显然，这名年轻的高尔夫球手在伤害自己，他没有好好地爱自己。

教练继续很平静地重复了一遍："你必须做自己最好的朋友。如果你对自己太过苛刻，就无法从沮丧、艰难的阶段走出来，你不能只指望我和你的父母能帮你。要做自己最好的朋友。"

那次对话给詹姆斯上了终生难忘的一课，他把他学到的东西教给了他的四个孩子，现在他们都很成功，在这个世界上发展得很好。

把你的热情发展到下一次层面……或者不发展

当我看到我的孩子在学习、发展自己的爱好时,我常跟他们说"做自己最好的朋友"。一个孩子必须好好爱自己,就像他期待他最好的朋友会爱他一样。

在读亚当和詹姆斯的故事时,你会发现外面的导师在激发孩子发展自己的热情时,有很独特的一套方法。要充分利用这些人能给你的帮助,尤其是当你在那个领域苦苦挣扎的时候。博芭博士表示,助力孩子的成长,如果你做不到,"就找一个能做到的人"。要找到能助力孩子成长的人,首先,你可以问问孩子有没有他愿意一起努力、并从那人身上学习的人。你也可以找其他父母或老师给你推荐,或者你也可以在网上做一些很老套的调研。你可以从你的圈子中找到这样的专家。很快你就会发现适合你孩子的导师可以激发孩子的热情,从而增强他的自爱。欢迎这样的导师加入你和孩子的阵营,并努力发展孩子和导师之间的关系。

乔安娜·格尔特曼(Joani Geltman)是儿童发展及育儿领域的专家,有长达30年的工作经历。她还培养了一个成功、健康、快乐的女儿。她女儿是一名演员,在百老汇演出过,也参演过好几部电影。格尔特曼说她没有强迫过女儿,她只会在女儿想做的事情上支持她。在她们刚起步的时候,格尔特曼说"这一点都不复杂",她说如果你想让孩子找到自己的热情所在,就必须让它"自然地"发生。[126]

你还记得我在第四章谈到让孩子在课外课程上"改变路线"的事吗?这些原则也同样适用于这里,因为我们想让孩子成为他们想成为的人,成为他们被召唤成为的人。

专家育儿建议:培养有热情的孩子

以下是格尔特曼给出的一些建议:
- 让孩子按自己的节奏发展自己的热情。
- 观察你的孩子喜欢做什么,问孩子他的兴趣是什么。

- 让孩子做他自己，而不是做你想让他成为的那种人。
- 记住第四章中我们得出的结论！热爱并不一定就要有最终的成果，也可以只是为了娱乐。

还有一些我的建议：

- 鼓励孩子和朋友、导师待在一起。孩子总是可以从别人身上学到新东西。
- 给孩子提供尽可能多的机会，给他留出探索的空间和时间。不要老是卡在一种爱好上面。
- 给孩子示范你热爱的事情：给孩子展示激励你的事情是什么！和孩子分享你的热爱。
- 通过怀有同情心，让孩子完成探索的过程。让他发现他的内心、他的灵魂、他的精神是什么样的。
- 要接受孩子在成长的过程中会有很多不同的爱好，甚至有很多成年人仍然在寻找能真正引起他们共鸣的东西。

亲情的基础

在结束本章之前，我先分享一个真实的故事，可能会对你有所启发。肯特·佩克尔（Kent Pekel）是3个孩子的父亲，在他年轻的妻子因癌症去世后，他真正意识到亲情和温暖的重要性。在佩克尔努力独自教育他的3个小孩时，一位幼儿园老师的建议改变了他的一生。这个老师说："从现在起，所有的一切都取决于关系——你和这3个孩子的关系。关系可是一件大事。"[127]（向所有的幼儿园老师致敬！）

这条建议让佩克尔开始思考父母如何与孩子建立牢固的爱的关系，他开始了寻找答案的人生之旅。现在他成了一名教育家，也是美国探索研究所（Search Institute）的总裁兼首席执行官。该研究所"发起了一项研究，旨在了解人际关系如何影响孩子的成功。最后研究得出的结论是发展关系框架（Developmental Relationships Framework），该框架中包含 5 个基本要素和 20 项相应行动，以加强与孩子的关系及孩子之间的关系"。[128]

我很喜欢这个发展关系框架，其中充满爱、温暖和有用的建议。以下是前面提到的基本要素和行为（你可能在本书的其他地方也能找到部分内容！）：

1. 表达关爱：向我展示我对你而言很重要。

（1）要可靠——成为我信任的人。

（2）倾听——我们在一起的时候要专注。

（3）相信我——让我觉得自己是被了解和重视的。

（4）要温暖——让我看到你喜欢和我在一起。

（5）鼓励——表扬我的努力和成就。

2. 挑战成长：推动我变得更好。

（1）期待我可以做到最好——期待我能发挥自己的潜力。

（2）拓展——推动我走得更远。

（3）让我负责——坚持说我要为自己的行为承担责任。

（4）反思失败——帮我从错误和挫折中学习。

3. 提供支持：帮助我完成任务，实现目标。

（1）导航——引导我度过艰难的情形。

（2）赋能——培养我掌控生活的信心。

（3）倡导——在我需要的时候为我站出来。

（4）设定界限——设立可以让我走在正轨上的界限。

4. 分享力量：尊重我，给我发言的权利。

（1）尊重我——认真、公平地对待我。

（2）接纳我——让我参与影响我的决定。

（3）合作——和我一起解决问题，实现目标。

（4）让我领导——为我创造采取行动和领导的机会。

5. 扩大可能性：把我和能拓宽我世界的人和地方联系起来。

（1）鼓励——鼓励我看到未来的可能。

（2）拓宽视野——让我接触新的想法、经历和地方。

（3）联系——把我介绍给能帮助我成长的人。[129]

亲情是我们构建美丽、独特的城堡的基础。迈克尔·J. 福克斯（Michael J. Fox）的说法让我很受启发："家庭不是什么重要的事情，家庭是一切的一切。"[130] 正如我儿子亚瑟在他中学的申请书中所写的："我真的很爱我的家人，因为他们是离我最近的、世界上最好的人。我喜欢和妈妈、爸爸、哥哥待在一起的时光。我们是最好的家庭。我很感激我的家庭。"

你会怎样描述你家庭当中的亲情呢？想象一下你可以为你的城堡构建的非凡基石，我希望你能从这里得到启发。我希望你可以清楚地看到你具备构建梦想中城堡的能力，现在你就具备这样的能力。最后，我想说，爱是父母的本能，当我们很难把爱放在第一位的时候，不管是对我们自己、我们的孩子，还是我们的家庭，那通常是因为有些事情阻碍了我们，你现在已经拥有了找到这些问题、处理这些障碍的工具。期望有可能会成为我们的另一个障碍，所以我们接下来要谈的就是期望。

专家育儿建议：构建爱的城堡

● 正如迪恩博士所说，健康的亲情是你可以选择的，选择它吧。

● 利用发展关系框架，真正努力向孩子表达你的关爱。

● 要在场：就留在那里，即使是你不方便或乱糟糟的时候。

● 利用《城堡法则》中的所有要素：

》同理心：每天

》接纳：每天

> » 安全感：每天
> » 信任：每天
> » 爱：每天
> » 期望：每天
> » 教育：每天

C.A.S.T.L.E.

第六章

期望

意识到你的消极期望,并试着用积极的期望去替代。
——黛比·福特(Debbie Ford)

当妈妈之后，我在新生宝宝的房间里放了一块大大的黑板，在上面写上时间表。为了让它看起来更吸引人，我还从工艺品店挑了木雕小动物粘到了上面。我在上面写上喂奶时间、午睡时间，我把一切都规划好，好让我自己遵守时间表。（你能说这是一种"睡眠剥夺"吗？）

随着孩子们不断长大，时间表对我们来说不再是那么有压力的东西。当然，我们也经常偏离时间表，但那是可以的。安排好孩子的时间更多是为了限制混乱，让他们知道自己的世界里在发生什么。直到今天，两个孩子分别是12岁和13岁的年纪，他们还会问我："你能看一眼时间表吗？今天我们要做什么？明天呢？"随着杰克逊和亚瑟的长大，他们甚至喜欢在全家人面前背诵他们的时间表。他们喜欢按时间安排做事的感觉。知道这一天要干什么，这可以让我们拥有内心的平静。

当我们谈到期望的时候，字典里给出的定义通常就足以达到实际的目的："认为某事会发生或将来会是这种情况的一种强烈信念"或"认为某人将会或应该实现某事的一种信念"。[131] 但在育儿方面，期望意味着什么呢？这可能要比你最初想的要多很多，了解这其中的原因非常重要。

父母的期望对孩子的成长既可以是有助的，也可以是有害的。正如我在前面几章谈到的，教孩子学会自爱、自我同情和自我接纳是构建强烈认同感的核心。它能让你的孩子自信、独立地在这个世界上前进。当你这里有明确的期望时，教这些东西效果最好，但是如果你的期望过多或过高的话，反而弊大于利。

在这一章，我们会看看家庭成员中有哪些有用的期望，以及快乐的期望是如何打开我们的世界的。然后我们会有一个关于灵活性的讨论，以解决我们压在自己和孩子身上的有害期望，包括介绍一些放弃这些有害期望的策略。

乐观、参与和庆祝：积极的期望

作为孩子在家里的领导者，如果我们不引导孩子——部分是通过对他们怀有期待的方式——他们就会觉得缺乏组织和支持。有用的期望也会告诉孩子他们所做的事情对我们来说很重要，这反过来又赋予他们一种深刻的归属感。

积极的期望可以引导孩子成长。因为我们期待孩子学会走路，所以我们会帮助、引导孩子的这种成长，关注着他们，温柔地帮他们迈出第一步。因为我们期待孩子学会阅读，所以我们在他们很小的时候就给他们读书，即使我们知道离他们识字还有好些年。

我们的期望能帮孩子找到生活中的路。如果你的家庭期望你和你的孩子成为终身学习者，那教育就自然会放在第一位，高等教育更有可能放在第一位（更多关于教育的内容见下一章节）。所有的这些都属于积极的期望。

期望快乐：乐观和家庭传统

现在，你可以期望你的孩子完成所分配的家务，但期望并不总是无聊、平凡的。只要你以乐观的方式来看待，即使是最基础的期望也会变成孩子一次更健康的体验。阿尔伯特·爱因斯坦（Albert Einstein）说过："与家人一起在生命之土上欢乐欣喜。"期望可以是快乐的，我说的"快乐"就是它字面的意思。你可以在日常的生活中期待快乐——并教你的孩子也这样去做——通过庆祝积极的事情。

我喜欢庆祝！我的母亲也喜欢庆祝，我很确定这就是我总在努力想办法庆祝每个平常日子的原因，当然这也是我庆祝特殊场合或假期的原因。我们家会庆祝重要的大事，也会庆祝无足轻重的小事，哪怕是一些想当然的小事，比如庆祝活着，庆祝清晨明媚的阳光等，我们喜欢这种庆祝，尤其是孩子们！注意我这里用的是感叹号！你也许觉得这样做很累人吧，但是并没有。为什么呢？这取决于你怎样看待快乐。当我关注的是所有微小的快乐源泉时，我会发现快乐是无穷无尽的。下一节的内容旨在帮你提高自己的意识，把你和更快乐的期望联系起来。你觉得自己是一个悲观主义者？不用担心。科学研究表明，人类通常关注的是积极的一面，所以你已经倾向于接受这种积极的期望以及随之而来的所有好处了。

波丽安娜效应

"波丽安娜效应"是一个科学术语，指的是人类的乐观倾向——也就是说，人类天生就倾向于看到生活中积极的一面。这种特征又被称为"积极性偏差"，是根据埃莉诺·H. 波特（Eleanor H. Porter）的著作《波丽安娜》中的主人公命名的。波丽安娜总是很快乐，她不停地玩着"快乐游戏"，包括在任何情形下，不管是多让人沮丧的情形，都要至少找出一件开心的事情来。我们都有这样的潜力，让我们自己变得比想象中更像波丽安娜。

不幸的是，并不是每个人都认为乐观是对世界的美好展望。你甚至可能听到过有人用"波丽安娜（盲目乐观）"来侮辱别人。在生活中，我经常被称为"波丽安娜"。在我同最亲近的家人以外的人交流时，比如说朋友或同事等，我甚至自称是波丽安娜（以一种自嘲的方式），尽管我在内心深处觉得我并不是这样。甚至有一次我的一位家人在社交媒体上对我取消了关注，他说："你只发好的事情。"真的吗？你想我发一些消极的事情吗？当时我有些想不通，不过现在我知道了，我的直觉一直在很好地帮助我。如果有人批评你，随他去吧，自信地往前走。

当然，我们也有可能会变得过于乐观，从而否认负面情绪，给出错误的保证,而不是对此怀有同理心。在当今世界,这一现象被称为"毒性正能量"。这样做通常是出于好意,但可能会导致我们之间出现疏远和分离感,所以要了解相关迹象,警惕你自己也出现这样的行为,尤其是跟孩子互动的时候。

另一方面,要一直保持乐观是不可能的。心理学家考特尼·E.阿克曼(Courtney E. Ackerman)说:"我们都有情绪低落的日子和困难的时候,没有人可以一直做波丽安娜。和生活中的大多数事情一样,最佳状态是能在积极、乐观和现实感、情景感以及对什么是合适的、什么时候合适等有效理解之间达到健康的平衡。"[132]

即使对那些患有临床抑郁症的人来说,希望依然存在。1980年的一项研究发现抑郁和幸福之间呈负相关,但与关注积极面的能力之间完全无关。阿克曼指出:"这表明我们内在的积极倾向和让我们许多人备受折磨的情绪障碍无关,说明即使在最艰难、最沮丧的时刻,我们依然具备关注积极面的能力。也许这种天生的积极倾向正是许多治疗抑郁的方法可以利用和加强的,从而引导我们可以运用自己的内在力量,来恢复积极和现实之间的健康平衡,而不是深陷负面情形无法自拔。"[133]

既然有了这么多证据,我们为什么不从现在开始就期望快乐呢?当你觉得自己情绪低落的时候,要相信你内心还有天生的积极性。当你觉得情绪稍好一点的时候,就要承担起做父母的职责,用实际行动培养自己和孩子的积极情绪。米歇尔·博芭博士给了我们一个起点:"不断提醒自己和孩子:'我们可以做到的。'积极的自我对话可以消除悲观、缓解压力、开启希望。关键是确保你的孩子能听到足够多的这类信息,从而让他与自己也进行积极的对话,培养乐观的心态。"[134]如果可以,就去关注积极的想法,过滤掉消极的想法。生活本应充满乐趣和欢乐。所以,去期待快乐!只要你做好了准备,你就可以变成波丽安娜。这都取决于你。你的孩子也会因此而感激你。

期望参与：家务活

从更具体、更可行的角度来说，在家里设定积极、有益的期望的一个好方法是分配家务。你可以跟孩子说："我们需要你的帮助来维持这个家正常运转。"如果孩子愿意参与，他们就会感受到归属感，他们在履行自己作为家庭成员的职责，为这个家尽自己的一份力。家务活也给了孩子学习和实践生活技能的机会。你不想把孩子送去大学的时候他还不知道怎么洗衣服，不会给自己做饭，是吧？

现在你如何在家里组织家务就取决于你了。你可以问自己这样一些问题：你的孩子会轮流做家务还是有固定的任务？他们会因为圆满完成家务而得到报酬吗？如果是这样，那报酬是钱、糖果还是其他的奖励呢？就我个人而言，我决定不因为孩子做家务而给他们付报酬，因为我想让孩子把做家务看作是给这个家提供帮助。我们都是这个家庭的一分子，在这个家里我们都有自己的角色，所以我们需要帮助彼此——我们想让我们的城堡保持干净，不受干扰。有时候我们确实会因为孩子们在家里干了大项目而给他们付报酬，但那要视具体情况而定。

还有一个重要的问题，就是如何确定哪些任务适合特定年龄的孩子。以下是关于如何让孩子在早期参与家务的一些方法[135]：

适龄家务：2～3岁

●把玩具放到箱子里：跟孩子说"我打赌我能先把这些玩具放进去"，这样对孩子来说，做家务更像一个游戏，会变得更有意思。孩子要收拾玩具就要在楼梯上爬上爬下，或者手里拿着玩具在房子里走来走去，这有助于发展他们的大运动技能。他也可以有机会去分辨这些东西属于什么地方。唱一首"收拾干净"这样的儿歌也很有用，许多日托机构或幼儿园就在用这种方式，要确保孩子在同一个场合听到的是同一首儿歌。

●按颜色给衣服分类："我们把所有灰色的放到一起，蓝色的放到一起，白色的放到一起"，这有助于孩子感官的发展。一次只关注一种颜色:"我们把红色的找出来!"

●听从指挥:给孩子类似于"把这个扔到垃圾桶里"或"把这个放到门边"之类的指令,可以让孩子学会如何遵从简单的指令。

●跟屁虫(家务版):从两三岁开始,孩子就喜欢模仿爸爸妈妈做事。在你做家务的时候让他们在场。如果他们有一个小扫帚或玩具吸尘器,他们就可以跟着你,模仿你做家务。

适龄家务:3~4岁

●快速轮流:如果你的孩子有兄弟姐妹或朋友,你可以邀请他们一起做家务,比如把玩具放到箱子里。每个孩子每次拿来一个玩具,轮流去取,他们就可以把所有的东西都整理完。

●餐桌时间:让孩子跟着你在餐桌旁边,帮他理解"里面""上面"和"下面"的概念。比如,"叉子在餐巾纸上面,水要倒进杯子里面",或者"我把餐巾纸放到下面,你要把叉子放在上面"。

●关掉你打开的东西:提醒孩子"你取下来的东西要放回去",这样可以让他练习打开和关闭他玩的任何箱子。用小罐子或储物箱装蜡笔、手工用品和小玩具,这是保持有序整洁、帮助孩子发展分类技能的一种好方法。

适龄家务:4~5岁

●做好准备:列一个目视检查单,让孩子在早上对着检查单做好准备。这些图片可以帮助孩子养成照顾自己的习惯,比如穿睡衣、去洗手间、刷牙、准备睡觉。还可以帮助他发展时间观念。

●切自己的食物:这个年纪的孩子可以给自己切食物。你还可以更进一步,让孩子自己倒食物、切碎食物以及捣碎食物。例如,孩子可以帮你把香蕉捣碎做香蕉面包,或者帮你把土豆捣碎做土豆泥。

适龄家务:5~6岁

●取零食:孩子可以自己从冰箱里取出零食,找到合适的餐具,吃掉食物,还可以独立清洗食物。

●日常任务:在这个年纪,你可以给孩子分配一些更独立,但仍需在监督下完成的家务。他已经可以喂狗或给植物浇水了。

适龄家务：6 岁及 6 岁以上

这个阶段孩子的家务可以更独立、更复杂。在厨房里，孩子/青少年可以准备餐桌，清洁餐桌，还可以帮爸爸妈妈做饭。

●还有一些需要力气大一点才能做的家务：扔垃圾，干一些轻松的园艺工作，还有从始至终全程地洗衣服——洗衣服、叠衣服、整理衣服——这些都有助于为大学及以后的人生做好准备。

期望庆祝：节日（及其他类似的）传统

下面我们要讨论我之前提到的特殊场合。我喜欢奥普拉·温弗瑞的说法："你越是赞美和庆祝生活，生活中就越有值得庆祝的东西。"庆祝生活最简单的方法之一是形成你和孩子可以期待的家庭惯例、家庭仪式及家庭传统。除了很有意思、会让人兴奋之外，家庭传统还具有"潜在的保护作用，可以为儿童、青少年和即将成年的人带来积极的结果"。[136] 根据发展心理学家提出的理论，惯例和仪式"通过提供具体的、可预测的家庭关系模式……可能有助于自我调节的发展"。[137] 当你努力在你的家里形成传统时——节日传统或类似的传统，你会让孩子体会到可预见性和稳定性，这可以很好地帮助他们，一直到进入成年。

你可以在家里形成很多不同类型的仪式和传统。我们前面谈到的家务活就可以成为一种仪式。那家庭传统的庆祝活动呢？我指的是一些大型的庆祝活动：假日聚会和夏季庆祝活动、生日和毕业典礼、职业晋升和宗教活动——世界各地的家庭都在庆祝这类场合或其他活动，它们之所以这么重要，有各种各样的原因。以下是其中的几个原因：

●传统给我们的庆祝活动赋予了某种意义。

●传统帮助我们和所爱的人之间建立纽带。

●传统有助于提升家庭的价值观。

- 传统可以让孩子感到安全。
- 传统可以增进大家庭之间的联系。
- 传统可以帮助我们形成强烈的认同感。
- 传统可以让我们停下来思考。

最后一条原因实际上可以促进我们的心理健康。根据社会心理学家弗雷德·布莱恩特（Fred Bryant）及其他人的说法，"当我们停下来品味美好的事物时，我们就能缓冲自己对坏事物的反应，发展复原力"。[138] 研究者哈达萨·利特曼-奥瓦迪亚（Hadassah Littman-Ovadia）表示："当我们有一些值得期待的事情，或者期待一些值得庆祝的事情时，我们会感到更加乐观。"[139] 这里的"值得期待的事"可以是开始一份新工作、开启新的一学年、跑完马拉松比赛或者庆祝生日。

以下是一些我们家里的传统。在有孩子之前，我和丈夫就喜欢在家里举行大家庭聚会，这是我从我父母那里传承来的传统，主要起源于我母亲的帕金森综合征开始恶化的那个阶段。我想把全家人聚在一起，庆祝父母在我们家里庆祝过的那些传统。从那之后，我们一直在庆祝那些传统。

对我们来说，1月份的后半个月就是我们家的生日盛会！杰克逊的生日在1月16日，亚瑟的在1月20日。他们有很多爱他们的家人和朋友，会给他们送来许多美妙的礼物。但从传统的角度来讲，我希望孩子从小就要知道，生日不仅仅代表着礼物，我们也在为他们的存在而庆祝！

在我的孩子所上的蒙台梭利幼儿园，有一种很棒的传统，我想分享给你。这个传统叫"太阳庆祝活动"，这个活动的目的是让孩子重新关注自己生日的意义。

"太阳庆祝活动：生日绕着太阳转"，这一仪式要求孩子进行生日散步，走过他们生命中的每一年。在为这项活动做准备的时候，小寿星的父母会收集之前每个生日时孩子的照片（包括刚出生时的照片）。在庆祝的当天，父母也在场，孩子们绕成一个大圈，然后在中间放一个代表太阳的东西。每个孩子的父母要用收集到的照片，和全班分享一个关于他们孩子的简短的生活故事。小寿星的手里拿着蜡烛，绕着大圈走一圈，其他的孩子会跟着《山谷里的农夫》（The Farmer in the Dell）这首歌的旋律唱一首特殊的生日歌：

> 地球绕着太阳转，
> 地球绕着太阳转，
> 地球绕着太阳转，
> ＿＿＿＿＿＿＿（这里写孩子的姓名）就是一颗太阳！

这个过程在生命中的每一年都要重复：父母每讲一个下一岁的故事，过生日的孩子就要"绕着太阳走"，其他旁观的孩子就再唱一遍歌，直到更新到过完生日的下一年。你也可以在你的家里组织"太阳庆祝"的活动，每年都举行。只要孩子有兴趣，我就每年都会这样做！

除了像生日、节日这样的重要活动外，研究表明简单庆祝小型的传统也有很多好处，比如庆祝和爷爷奶奶一起度过了特殊的一夜；或者庆祝和一位朋友进行了一场特殊的野餐。庆祝什么，由你起名字！从这些小小的庆祝活动中增加的积极情绪会让我们的生活变得更加容易。[140] 如果你选择了正确的时刻，你也可以教你可爱的孩子学会如何庆祝自己，这样做不是为了培养一个以自我为中心的人，而是为了培养一个自爱、快乐的人。

我们在前面谈到过如何给孩子灌输自爱的理念。你可以定期提醒孩子，生活是充实的，这里我强烈推荐让孩子学会自我庆祝。教孩子学会庆祝自己的成就，我指的并不一定是庆祝考试拿了"全优"或在数学竞赛中胜出。当然，我们可以庆祝这些惊人的成就，以及庆祝这其中付出过的艰苦努力，但我们也要庆祝孩子交到了新朋友，庆祝那些朝着更大目标前进时一路上实现的小成就，即使那个大目标最终没能实现。

可以让孩子用一些特殊的东西款待自己，可以是糖果，也可以是一次有最喜欢的沐浴炸弹的泡泡浴，或者只是和父母来一场特殊的散步。

最重要的是，要教孩子学会庆祝生活！每一天都是一个新的开始。每一天都是对生活在这个世界上的庆祝。我写本节内容的日子正好是世界微笑日，多么应景！微笑也是值得庆祝的东西，你不觉得吗？

专家育儿建议：庆祝

● 每天都庆祝生活！就这样去做！找任何你可以庆祝的事情，无论是多小的事。听听鸟儿的啁啾，为它们的热情庆祝。

● 让庆祝变成一种家庭传统，让这成为家庭的核心价值观。问你自己："这周末我们应该庆祝什么？"感谢上帝今天已是星期五！

● 期待我们都值得庆祝。教孩子学会为自己庆祝。如果孩子做了什么善良的事、富有同情心的事，或很有爱的事，你要关注到这一点，告诉孩子："你真的应该为自己而自豪，你知道你是一个多棒的人吗？"

● 养成热爱庆祝的习惯！首先，看看生活中你喜欢什么，就去庆祝什么。我的孩子当中就有一个喜欢庆祝他完成家庭作业！

专家育儿建议：额外的建议！我们的感恩树传统

每年11月，我们都会用一棵感恩树来回顾之前的生活，有意识地感恩家人，表达对家人的感激。每天，家里的每一个人，包括爸爸妈妈，都要在一张卡片上写下他或她所感激的事情，然后把这张卡片挂到树上（可以是真树，也可以是假树），到感恩节那天，树上就挂满了感恩的话语。这是可以持续1个月之久的很棒的一种庆祝活动，不仅仅在感恩节那天，而是让你每天都养成感恩的习惯。

你可以通过很多方法将感恩树引入你的家庭。在家里引入适合孩子年龄的艺术活动，让他们养成感恩的精神，这是很好的。有一年，我去一家工艺品店挑了些可以亮灯的树枝、叶子和树叶形状的卡片，挂到了家里的感恩树上。孩子们还在幼儿园的时候，他们很喜欢手指画，我们就动手画了一棵感恩树，贴到了家里的墙上。我们还一起剪树叶，练习了孩子们的动手能力。虽然它不是最漂亮的树，却是属于我们的树。

灵活是你的朋友：应对有害期望

我们在前面已经介绍过健康的期望，现在我们来谈谈当怀有不正确的期望时，会发生什么。在此要列出所有会对孩子造成潜在伤害的期望是不可能的，相反，我在这里要提出的是一种审视自己的期望的方法，它将帮助你在有益和有害的期望之间做出抉择。

孩子们从他们与父母的关系中发展出一种自我意识。父母的快乐关注的是给孩子带来快乐的是什么，从而让孩子关注自己内心的快乐。当孩子的兴趣、天分、自然倾向与我们作为父母期望或相信对他们最好的东西之间存在脱节时，在某种程度上他们会觉得让我们失望。这会抑制孩子发展自爱与自我同情，并加剧他们的羞耻感和无价值感。

此外,当父母的期望与孩子对自己的感觉之间存在直接的矛盾时——也就是说,孩子觉得在父母跟前无法做真实的自己——他可能会被迫隐藏真实的自己。这种做法的后果可能不严重,也可能会极其严重。

例如,如果一个对演奏乐器不感兴趣的孩子被期望演奏乐器,并取得优异成绩,这个孩子就可能会发展出一种羞耻感和失望。(请注意我们所说的让孩子接触音乐并不同于在孩子身上强加这样的期望。所有的孩子都应该接触音乐,以确认他们对音乐是否有天生的兴趣。但是如果你让孩子接触某样东西后发现孩子没有兴趣,就允许孩子放弃这样东西继续前进。谁知道呢?他以后可能会以另一种方式爱上音乐。)

如果你的孩子在情感上对你有所隐瞒(或者类似的表现),作为父母你可以提供的最大的帮助就是保持灵活。

"好吧,"你可以说,"但那会是什么样子的呢?"

在和孩子"战斗"的时候,要先想一想。众所周知,我们都是高压力、高容量战场上的士兵。孩子(通常)先发起攻击,然后我们反击,在你意识到之前,我们都已经进了"散兵坑"。现在,作为父母,如果你能处理好与灵活性之间的关系,把它变成你的朋友,你就可以离开那个战场。著名心理学家、亲子教练凯特·罗伯茨(Kate Roberts)博士把这种能力称为"灵活的响应能力"或"父母在任何时候结合判断力和同理心做出最佳育儿决策的能力。最好的育儿决策总是那种能避免权力斗争的决策"。[141]凯特·罗伯茨说父母可以关注以下3个迹象,来提醒自己什么时候灵活的育儿是必要且合适的:

● 情有可原的情况下。
● 在面对孩子难以控制的典型压力源时。
● 在父母感到疲劳和有压力的情况下。

想想这3种因素,考虑如何把灵活性作为一种与孩子相处的超能力。在我家，杰克逊对睡眠的需求比较高。你肯定知道小学孩子的建议睡眠时间为 9 到 11 小时吧？而杰克逊需要 11 个小时以上的睡眠。有时候在周一那天，上完学，参加完运动，他累得筋疲力尽的时候，下午 6 点半或 7 点杰克逊就直接上床睡觉了。在这样的时候，我就知道没必要再坚持让他完成家庭作业、吃完饭、洗完澡才能睡觉了。孩子只是需要睡觉而已，我们就让他睡吧，随他们去。

心理灵活性背后的科学

在育儿过程中你越是努力去表现得灵活，你的城堡就会变得越好，孩子就越能有机会发掘自己的潜力。研究者把心理灵活性定义为人们能够适应不断变化的情况，改变他们的思维模式和观点，平衡他们生活中的各种需求和愿望，同时能坚持他们一贯坚持的价值观的程度。研究发现，整体的心理灵活性程度越高，在育儿方面的心理灵活性程度也越高，在适应性育儿实践方面就做得也更好，孩子出现行为问题的可能性就越低。[142]

现有的期望要灵活、有韧性，只要孩子在成长，在变成最好的自己，你就可以后退，只在需要的时候进行调整，要真正让孩子成为他们想成为的那种人。要知道调整你的期望需要比你想象中更多的反复思考和学习。

在我作为幼儿园老师上第一次课的时候，就曾经历了这样的过程。当时我很年轻，第一次走上讲台，教室里坐着 33 个孩子。是的，我知道这个师生比并不完美，但当时就是这样。在我走进教室教这些 5 岁左右的小可爱之前，我接受过的培训是，惯例是教师工具箱中最重要的工具之一。我知道我得负责让这些孩子阅读，让他们为一年级的数学做好准备，等等。但作为一名新老师，我给自己施加的压力是完全按照自己最初的期望去做，这是不现实的。

从理论上来说，遵守惯例能提高教学效率，为学生带来安全感。这种成功的组合，加上引人入胜的课程和大量的社交情感学习，可以创造一个充满乐趣的学习环境。这样下来一天会进行得更顺利,孩子更有可能实现老师的期望。

现在我们来谈谈现实的情况。我依然记得我给孩子们张贴的彩色日程表,就贴在教室正前方,恰好就在和他们视线相平的地方。我们每天对照日程表,一天核对好几次,引导孩子们完成晨间分享、阅读、数学等。尽管大多时候我们的日程表都起到了很好的作用,但有时候我不得不举起双手,微笑着说,由他们去吧。那时候,我很快就意识到灵活是我的朋友。我随时会做出调整。当我注意到有孩子没有很好地投入或努力参与课堂的时候,我们就会到外面跑步,帮助孩子们摆脱压力。出去跑十分钟就足以改变一切,能让我们所有人重新集中注意力。如果有孩子对在教室里大声朗读感到不适应,他可以找朋友帮忙。只需要做出一些小小的调整就够了。你猜结果怎么样?结果是我们都坚持下来了,我的学生们也在茁壮成长。

现在我知道虽然我嘴上说由他们去吧,但灵活并不意味着失去对情形的控制。事实上,灵活和惯例同等重要,即使每个老师都相信惯例,并且由于他们接受过的教育,他们适应了总把惯例放在第一位。为给学生做出好的决策,做出能真正帮他们实现学习目标的决策,我必须调整对他们的期望,调整灵活处理和坚持惯例之间的优先次序。

现在我们把这个概念放到育儿的领域来看。在育儿中,灵活性是必不可少的。罗伯茨博士在她的"快速(FAST)育儿模型"中把灵活性放在第一位[灵活(flexibility)、权威(authority)、结构(structure)和转变(transition)],该模型旨在帮父母在现实中更高效地解决问题。该模型还教会父母如何以建立更强的亲子纽带的方式进行亲子互动。罗伯茨博士说:"灵活的育儿能让父母在日常做决定的时候,可以充分应用他们的方向感和判断力,同时能坚持必要的结构指导和惯例常规。"[143]

灵活就是你的超能力,它能让你在面对危机、微小的变化或新的信息时保持韧性,做到随机应变。生活不是一条直线。灵活能让你自由地成为你想成为的那种父母,成为有同情心、有同理心的父母,而不是成为你认为你必须成为的那种父母。

要接受惯例终究是要被打破的。在常规情况下,在日常情形中,惯例的确很重要,但生活并不总是一成不变的。让自己优雅地拥抱灵活,并期待自己在日常生活中表现得尽可能灵活一些。这并不意味着你正在陷入失败,而意味着你正在适应这个世界,适应周围的情形。

教授灵活性——随时,随地

除了你自己要学得灵活一些之外,不要忘了你还要教孩子学会灵活。让孩子看到灵活性和适应力只是生活的一部分。如果你知道你总有办法处理路上不可避免的颠簸,你的心里就会有安全感。

给孩子教授灵活性,示范灵活性。如果孩子亲眼见证了你表现出的灵活性,知道了灵活性的重要性,他们自己也能学会适应,从而能更轻松地应对每天出现的各种情形。和孩子谈论认可别人的选择,学会倾听。问你的孩子:"我怎么能帮你摆脱困境?"然后倾听孩子的答案。

你随时都可以在任何一个运动场看到具有灵活性或缺乏灵活性的案例。我曾经采访过一位妈妈,她告诉我,她7岁的儿子不愿意在公园里和别人分享他的新篮球,因为他怕新篮球丢了或被人偷走了。这个孩子就没能做到灵活,这让他无法跟朋友们一起打篮球,从而错失了许多潜在的乐趣。

还有一个例子:我的一位教师朋友告诉我,在一次制造机器人的小组任务中,一个五年级的女孩觉得她的方法就是唯一的方法,觉得只有她想出来的计划才是完美的计划。趁别的孩子吃午餐的空隙,她把大家造到一半的机器人拆开了。等大家回来后,她告诉大家必须要按她的方式来做。你可以猜到接下来发生了什么。其他的孩子跑去找老师,最后这个小组不得不从头开始。但他们对那个小女孩的决定并不满意。正是那个女孩的刻板才导致大家乱作一团,给大家增加了工作量,并让大家觉得伤心难过。

那么,当你发现你的孩子有些刻板时,你会怎样抑制这种刻板呢?这和抑制成年人身上的刻板有许多相似之处。首先我们可以教孩子学会适应,要适应他人的感受和想法。教孩子明白灵活可以成为他们的朋友,并向孩子示范怎样做到灵活,这样做也可以让孩子从这种超能力中受益。

还有一个你可能熟悉的例子。2020年六七月份,著名的"好莱坞离婚律师"劳拉·瓦瑟(Laura Wasser)加入了我的博客节目《尚在建设中的孩子》,主讲疫情期间的合作育儿问题。[144]那些与她交谈过的、离了婚或已经分居的父母都很恐慌,他们很忧心到底哪一方的家庭对他们共同监护的孩子来说才是最安全的。面对"新常态",他们如何才能在学业、家务和科技产品的使用时间方面意见一致呢?(最后一点是个大问题,即使对那些设定了科技产品使用规则的父母来说也不例外。)为维持孩子的日常惯例、保证他们的安全,父母做了许多工作,但现在这一切突然面临灰飞烟灭的危险。

劳拉·瓦瑟告诉我,她想让这些父母理解他们具备灵活的力量。"即使没有出现全球危机,"她说,"我们通常也建议父母努力坚持三个C——沟通(communication),思考(consideration)及合作(cooperation)——并且要真正,真正地去倾听彼此。"如果运用得当,灵活性就是这三个C在行动中的具体体现。

最后,我附上2015年5月我写过的一篇文章,以下为该文章的修订版:

为什么我接受了《小屁孩日记》,即使起初我觉得这书不合理

这不是我建议的,是他求我的。我指的是原本我告诉孩子们要把他们的暑假阅读清单清理好,但杰克逊挑了一

本标题为《小屁孩日记》的书,他说他真的很想从第一册开始,把这个系列全都读完。

我跟当时只有 6 岁的杰克逊讲,我不确定这本书适合他的年龄(鉴于词汇量及书中描述的情景)。这本书面向的是 8 到 12 岁的孩子,而且书中有一些略带冒犯性的语言,比如说浑蛋、蠢蛋、呆子、笨蛋、见鬼、开枪、怪胎、屁股等。即使像"臭便便""神经病"以及"少废话"这类词语都属于较为温和的表达,但至少也是白纸黑字印在书里的。

我不知道该怎么做,就带杰克逊去书店了。一路上我都在想,一旦他进到书店开始选书,一定会找到一些其他的书。

到了书店,他对柜台后面的年轻售货员说的第一句话当然是:"你们这里有《小屁孩日记》吗?"

好吧,现在我必须得出手了。他屁颠屁颠地跟着售货员走到书架旁,售货员把书递给了他。他一拿到书,脸上便露出了灿烂的笑容。他跟我说他准备好了,他买到了,我们走吧。(也有可能他是想在我找到借口不买这本书前赶紧把我从这里拽出去,但我早就料到了。)

我让杰克逊坐下来,给我读第一页。我想着这本书可能太难了,他读不下去,理解不了。但情况完全不是这样。杰克逊读完了第一页,并给我解释其中的意思。绊住他的只有"具体来说(specifically)"这一个词,我给他解释了这个词的意思,但只有这一个词而已。

你怎么拒绝一个真的非常、非常想读某本书的孩子呢,即使以他的年龄读这本书的话还有点小。我无法拒绝。所以我决定跟他讲讲怎样使用他称为"S 类词"(愚蠢的)的词及其他类似的词,我说他不许使用这类词。他答应了。他笑着说他不相信他真的会读到"蠢货""笨蛋"这类的词,就好像他侥幸躲开了这类词语一样。但对我来说，这是他说过的最可爱的话了。

到家后，我陪着杰克逊一块阅读，我给他解释"虱子"的意思，告诉他这类话并不全都是骂人的话。是的，他只有6岁，但他可以面对这些了。也许从某种意义来说，阅读这类"不好的"词语对他来说是一件好事，可以让他更早地明白这些话有多伤人，从而引导他有更深的同理心。

在这一章，我想让你学到的是：一些好的期望可以改变人生，你真的可以调整你的心态，朝着积极的方向发展。有害的期望会成为你育儿路上的绊脚石，会分散你的注意力，让你偏离你真正渴望的那种家庭。在你调整和舍弃有害期望的同时，也不要忘记你可以运用你的超能力——灵活性。灵活可以让你对自己、对孩子更加地宽容。学会让灵活和积极成为你感觉和行为的默认值。接下来，在你教育自己、教育孩子的过程中（下一章的主题），在面对新的信息带来的新规则时，你可以随时准备好把自己的期望变成更好的期望。

专家育儿建议：把灵活性融入每天的育儿当中

以下这些建议选自"积极的育儿关系（Positive Parenting Connection）"组织发布的《超越纪律》（*Beyond Discipline*）。[145]

- 尽可能地让孩子参与决策。
- 当前的库存要视当前的情况来定。
- 如果有些事情行不通，就不要纠结于什么是"必须做"和"应该做"的事了。
- 相信孩子会自主解决自己的事，即使结果并不完美或者不如你所愿。
- 确立惯例的目的是为了建立可预测性——而不是为

了奖励、惩罚，或控制。

●尽可能利用额外的时间做好日程规划，这样就不必浪费或舍弃一些特殊的时刻。

●你可以多提问题，鼓励孩子与你合作，而不是向孩子提出要求。

●把孩子的感受作为真实的感受来接受，而不是当成你必须控制或压制的东西。

●敢于以与众不同的方式做事，特立独行，想笑就笑——这样可以让你活得更轻松，更释然！

●力所能及的时候尽量说"好"，必须说"不"的时候要心存善意。

第七章

教育

> 塑造一个坚强的孩子远比修复一个破碎的成人要容易得多。
> ——弗雷德里克·道格拉斯（Frederick Douglass）

我从五年级就开始教书了，我说的是真的！我的小教室是我儿时家里楼下的第二个书房，这里远离其他4个兄弟姐妹在楼上发出的各种噪音的干扰。我的学生是我的两个邻居，是住在我们这条街上的两姐妹（多棒的师生比！）偶尔也会有其他人加入，但如果没有旁人，这两姐妹也很乐意坚持到底。至少有两个漫长而炎热的暑假，我都在这里开始了我的小课堂，在教案书上写满了笔记和各种各样的想法，还有一些用彩色笔迹标注的密密麻麻的符号。我想我当时教着所有的科目——数学除外，这能说得通，因为我现在是个作家。我们也会一起读书，一起做很多的艺术设计，一起谈论我们的生活，畅聊长大后周游世界我们会去的地方。

　　我一直都很热爱学习，热爱教学。我就是那种不介意暑假结束的孩子，我喜欢新学年，喜欢开学后的那种忙碌。这是我的本性。但我喜欢学校真的是因为我热爱学习。只要我有感兴趣的东西，我就会深入其中，努力学懂。一旦我学到了什么，我就想教给别人，无论是作为五年级时主办的两人班暑假学校的领导者，还是作为小学老师、新闻记者、加州大学洛杉矶分校的新闻学兼职教授、哈佛大学教育研究生院"让关爱更普遍"项目的客座作家、菲尔博士节目的特邀专家，或者是介于这几者之间的其他任何身份——都是因为我热爱教学，热爱学习。

　　于孩子而言，学习的过程很早就开始了，在学校老师开始分担家长的教育义务之前的好几年就已经开始了。在学校，老师会用某些工具让学生为成功做好准备；在家里，父母也可以运用同样的工具。在这种专注的学习环境中，孩子可以茁壮地成长。本杰明·富兰克林（Benjamin Franklin）说得很透彻："房屋不能称之为家，除非它能给心灵和身体提供食物和温暖。"你知道有这样一句话："父母是孩子的第一任老师。"我理解的就是它字面的意思，并且在用我知道的所有方式实践它。本书就是我在12年的时间里对实践这句话的总结。我向你传授的是作为小学教师，我在教室里学到的东西；作为育儿记者，我在工作中学到的东西；作为父母，我在家里实践的东西。在此我为你收集的研究将帮助你准备好及早开始教育你的孩子，并收获已经得到科学验证的种种好处。你可以学到一些在家里强调学习的有用工具，还可以学到一些让孩子在上学后参与学习的有效方式。

在开始这个庞大的话题之前，我先分享一些我最喜欢的关于教育和学习的名言：

- "教育不是对事实的学习，而是对思维的训练。"——阿尔伯特·爱因斯坦
- "教育是你可以改变世界的最有力武器。"——纳尔逊·曼德拉
- "让每天都过得充实，好似你明日即将离世；持续不断地学习，仿佛你得以永生。"——圣雄甘地
- "一年之计，莫如树谷；十年之计，莫如树木；百年之计，莫如树人。"——中国谚语
- "教育的功能在于教导人们集中地思考，批判性地思维。知识加上品格——正是教育的真正目标。"——马丁·路德·金
- "一生中我从来没觉得有一天我是在工作着，所有这一切都只是我兴趣所在。"——托马斯·爱迪生
- "并不是我很聪明，而是我花更多时间停留在问题上面。"——阿尔伯特·爱因斯坦

培养终身学习者

研究的结果很清楚:早教至关重要,并且开始得越早,结果就越好。但说起来容易做起来难。在我就儿童阅读采访凯瑟琳·斯威克(Kathleen Sweck)博士时,她说父母并没有像他们所应该的那样为孩子读书。其中最大的一个问题是她所说的"时间贫乏",在这个忙碌的世界里,在繁忙的家庭生活中(尤其父母双方都在上班的话),找到时间给孩子读书,哪怕每天只读 30 分钟,都是很难的。幸运的是,如果你在努力把学习摆在家里的第一位,就有很多供你选择的工具。

举一个恰当的例子,作为育儿记者,我最早的一篇报道是关于全国性组织"伸出手去阅读(Reach Out and Read)"的一则特写。[146]"伸出手去阅读"给儿科医生提供图书,再由医生把书转交给父母,父母从孩子 6 个月大时就给孩子示范大声朗读。在每 4 个低收入家庭中,就有 1 户享受到了这样的服务,该项目每年为 470 万儿童提供这样的帮助。有一个具体的例子:

有一个 2 岁的女孩名叫伊丽莎(Eliza),她妈妈告诉我她从没有重视过为孩子读书,直到斯威克博士给了她一本书。她说在此之前她从没想过要腾出时间来读书。但现在她相信"伸出手去阅读"会改变她女儿的人生,现在她愿意把读书放在第一位,因为读书可以给她自己和伊丽莎带来许多好处。"伸出手去阅读"发布的数据表明,参与该项目的孩子在上学时有领先别人 6 个月的优势。这个神奇的组织只是家庭早教有诸多好处的一个例子。

下面让我们步入 21 世纪,了解斯坦福大学的研究者本·约克(Ben York)和苏珊娜·勒布(Susanna Loeb)创立的 Ready4K 家庭参与课程项目。[147]这个高科技的育儿工具通过短信向父母提供有趣的事实和简单的建议,告诉他们如何最大化现有的家庭惯例,并参与更多的家庭学习活动。是的,你也可以从斯坦福大学的研究人员那里得到一份如何在家教孩子的快速课程计划,以短信形式得到这些有用的建议。这些建议超级酷!

你看到了吧?工具就在那里等着你,你只需使用它们!但是,还有更多的方法可以让学习在你的家里发生。

家庭早教

通过把学习融入日常的生活中,在家里创建专注的学习环境。你可以发挥你的创造力!比如,你可以让孩子及早进入厨房,让他们大声读出菜谱,帮你给食物称重或搅拌食物,你们甚至可以创造属于你们的家庭菜谱。不要担心到时会弄得乱作一团!即使那些新发明的菜谱一团糟,那也是学习的一部分。

要经常性地重复活动,重复学到的内容。重复有助于让学习发生,所以不要沮丧——不要对孩子沮丧,也不要对自己沮丧。小一点的孩子需要不断地重复,不断地提醒,才能理解所学的内容。意识到重复是育儿和教育的一部分,这有助于缓解你感受到的任何压力。

让孩子接触你能让他接触到的所有一切,是的,我指的就是所有的一切。尽可能地走出家门,体验这个世界。每天玩耍,每天阅读,尽可能地做一些有意思的事。接触生活是令人兴奋的,并且能开发大脑。

要找到了解你孩子的人。你还记得我在第五章谈到有关导师的话题吗?我一直在寻找可以和我的孩子建立纽带的人,他们能给我的孩子提供学习的机会。我找到了音乐老师、象棋老师,找到了教练,这些人都能理解我的孩子,能和孩子产生共鸣。最终,孩子的世界得以扩展,他们学会了为自己热爱的事进行投资,而我也不再是他们唯一的老师了。

不要忘记在家庭早教中融入社交情绪学习。研究表明,SEL,即社交情绪学习,不仅能把孩子的成绩平均提高 11 个百分点,还能增加孩子的亲社会行为(比如善良,分享,同理心),改善孩子对学校的态度，缓解孩子的抑郁和压力。[148] 你可以给孩子做好示范，在家里经常谈论这些技能，从而帮孩子掌握这些技能。

帮助你的孩子培养对学习的热爱。罗纳尔德·威廉逊（Ronald Williamson）说过："当老师对学生有很高的期望，并能提供对他们有吸引力、让他们感兴趣的任务时，学生就会建立自尊，增强自信，提高学习成绩。"[149] 你也可以在家里运用这一原则。为孩子设立可达到的预期，帮助他们参与到各种类型的学习当中。我很喜欢玛雅·安吉罗的说法："如果你总是试图成为普通人，你就永远也不会知道你有多出众。"

不要害怕失败，并不是你做的所有事情都能成功。例如，我一直觉得我心灵手巧，我给家里做了那么多精美的工艺品，但当我看到其他父母的手工艺品时……只能说我的天分应该在别的领域。但我依然会和孩子们在家里一起做手工项目，我的孩子也从来都不完美，但是没关系，我们从失败中也能学到东西。

幼儿园早教

下面我们要讨论的话题是幼儿园，上幼儿园是你的孩子真正在家以外的地方开始学习的时候。正因如此，为孩子选择一所完美的幼儿园需要时间，也需要实地考察。我依然记得朋友和邻居们总是问我："你还要考察多少所学校？"我大概看了8所，或者10所幼儿园，在我做出最后的选择之前，我曾参加了所有这些学校的"妈妈和我"亲子课。虽然我孩子的需求不一定和你孩子的需求完全一致，但我发现了一些有用的指导原则。

从第二章中你已经知道，我是蒙台梭利教育法的忠实粉丝。玛利亚·蒙台梭利（1870—1952），意大利人、医生、教育家，以用她名字命名的教育哲学而闻名于世。蒙台梭利关于教育的说法在我的生活中引起了共鸣，但这里只列举其中几条：

● "对教师来说，成功的最大标志……就是能说'孩子们正在工作,就好像我不存在一样。'"[150]

● "快乐、感觉到自己的价值、受到别人的欣赏和关爱、感觉自己是有用的、具备一定的生产能力,所有这些对人类的灵魂都有巨大的价值。"[151]

● "绝不要帮孩子完成他觉得自己能成功完成的任务。"[152]

你可能从这些名言中发现了一种模式,是的,教孩子为自己做事是蒙台梭利教学法的核心原则之一。关于这一点,蒙台梭利教学法中用到了一种名为"工作"的教学技巧,帮助孩子自主地做事。有些工作是单独完成的,而另一些则是与合作伙伴一起完成的。幼儿园孩子的任务包括把小水罐里的水倒进杯子里,数豆子,扣扣子。这些活动教孩子认识到万事都要靠自己,从而让孩子树立自信,同时鼓励他们与他人合作。

虽然数豆子很有趣,但它背后也有自己的学术原则,通常要在老师指导下完成。那自由玩耍的时间呢?孩子们自己爬树、玩角色扮演,或者只是跑来跑去的时间呢?自由玩耍可以培养孩子在学习中的创造力和冒险精神,也可以培养孩子的韧性、自信和社交技能,对于孩子正在发育的大脑来说,它和在老师指导下进行的学术学习一样重要,甚至更重要。[153]但你不必非得在自由玩耍和指导学习之间做出抉择。

我最终选择了一所基于蒙台梭利教学法的学校,它融入了有指导的玩耍和自由玩耍两种形式。这样一来,我的孩子就可以两样兼得了。这所幼儿园每年在冬季和春季的时候还有大型的节目表演。有一个孩子的父母是好莱坞布景设计师,我们还有一个很棒的助教,她为孩子们缝制了最漂亮的表演服。亚瑟扮演变色龙王,杰克逊扮演一个无名的法国人,这些都是那段记忆中最难以让我忘怀的部分。

我的重点是通过混合各种方法,让孩子接触到各种各样的学习。我不赞成某一种方法优于另一种方法的说法。学习无处不在,学习的方法有很多种组合,所以要相信,你能找到最适合你孩子的组合。

最重要的是，你必须要找一所老师有爱心的学校。你肯定想让孩子周围的人都能了解他、理解他，要实现这一点，你必须要实地考察，要进行调研，要向其他的父母取经。跟老师介绍你的孩子，帮老师了解你的孩子是什么样的，在孩子上学期间要定期地和老师交流。你的角色很关键，你代表孩子的声音，直到他学会为自己发声。

专家育儿建议：挑选完美的幼儿园

- 提前进行彻底的调研：
  » 至少要提前一年开始
  » 实地考察
  » 参与一些"妈妈和我"亲子课，这些课程可以让孩子适应那里的环境，你可以借此观察这里是否适合他
  » 参加幼儿园、学校的展览会
  » 和其他父母交流
- 了解学校的理念：
  » 这所学校是以玩为主，以学为主，还是两者兼而有之？
  » 这所学校的纪律理念是什么？和你家里的纪律理念是否一致？
  » 这所学校的课程是否与当前的教育研究态势一致？
- 学习 ABC 和 123：
  » 这所学校是否融入了幼儿园准备的基本要素？
  » 孩子们学习 ABC 和 123 是通过故事、唱歌还是游戏的形式？
  » 这所学校是否把 ABC 和 123 呈现在孩子面前，让孩子可以看到？

●玩耍时间：

》研究表明孩子通过玩耍来学习。玩耍是否属于学校课程的一部分？

》老师和其他家长是否为孩子们提供了玩耍的氛围？

》老师和孩子是怎样互动的？他们会问孩子问题吗？他们会参与到孩子当中吗？他们是否有爱心？

》你的孩子在这里快乐吗？安全吗？能学到东西吗？

●相信自己的直觉：作为父母，只有你知道对你的孩子来说什么才是最好的。

参与孩子的学校教育

既然你已经为孩子选择了很好的幼儿园（或小学、中学、高中），那祝贺你！这是很重要的一步，但不要掉入把一切都推给学校的陷阱。孩子的教育阵地转到家以外的地方后，你仍然要积极参与到孩子的教育当中，这一点至关重要。但要做到这点却很难，尤其如果你的孩子属于那种不喜欢分享的孩子的话，不过这里有很多可以让孩子愿意去分享，让学习变成一种家庭活动的方法。

问孩子"你今天在学校做了什么"的15种方法

我之所以给你这样的建议，是因为作为一名记者，我曾花了很多年时间来采访孩子，我知道他们是有史以来最难采访的对象！每次我从学校接上杰克逊和亚瑟，就想把他们今天在学校做了什么打听得清清楚楚。我想知道他们一天当中的每一个细节。唉，如果我会七十二变，我就变成一只苍蝇，悄悄地躲到墙上观察学校里发生的一切。但是我没有这样的本领，我只能靠他们来告诉我这一天的情况。但要他们开口去讲，这还得看我的本事。他们不会告诉我我想知道的一切，但要得到"你今天在学校做了什么"这个问题的答案，并且得到不是像"我不知道"这样的答案，得用一些办法。

对我来说有效的方法，也是可以帮助你的方法，就是去采访你的孩子（不是那种打破砂锅问到底的采访），能得到一些有用的情报就足够了。要问一些开放性的问题。如果你只问简单的"是"或"否"之类的问题，你得到的答案也就是简单的"是"或"否"。相反，你可以引入游戏的方式！然后在游戏的过程中巧妙地融入几个问题，要确保你能从这些问题中得到一些有意思的细节：

1. 谁在学校最能把你逗笑？
2. 老师今天穿了什么？
3. 你到学校做的第一件事是什么？
4. 你在学校做的最后一件事是什么？
5. 你在另一个孩子的午餐盒里看到了什么你想要的午餐？
6. 课堂里你最喜欢的部分是什么，为什么？
7. 课间休息你们玩了什么游戏？
8. 今天当中你最不喜欢的是哪一部分，为什么？
9. 告诉我你第一次走进教室是什么感觉，紧张、激动？
10. 你的老师对你说过什么愚蠢的话？
11. 猜猜老师的年龄。
12. 给我 3 次机会，让我猜猜你最喜欢的科目是什么。如果我猜不到，你可以晚 10 分钟上床睡觉。
13. 你明天打算穿什么颜色的校服（或者套装）去上学？
14. 如果你可以回到学校，重新开始今天的一天，你会做些什么不同的改变，为什么？
15. 明天在学校你期待什么？

在家长会上有优异表现

你知道在当记者之前,我曾是一名老师。我常常惊讶地发现,在我作为老师和他们相处的时间里,父母总是表现得很安静。我觉得我想要知道更多关于学生的信息,我也想和父母建立更紧密的联系。

现在,我自己也成了一个妈妈,我知道在培养这种非常重要的关系中,我扮演着多么重要的角色。我们大家必须一起努力以确保成功:妈妈/爸爸、孩子,还有老师。我们是一个团队。

孩子一天大多数的时间都与老师在一起。老师是来帮助孩子取得学业上的成功的。所以当家长会来临时,你一定要出席。这是非常宝贵的时间,可以让你和你的孩子得到一对一的关注。你想要了解孩子的老师,也想让老师了解你的孩子。帮助孩子和老师之间建立联系,这样孩子的这一学年不仅是成功的,还会是快乐的!

这里是一些指南和你要记住的事,以确保你在家长会上有优异的表现:

● 帮助你的孩子为自己发声。在家长会之前,问问你的孩子对学校有什么想法。这是一个为孩子发声的好时机。问问你的孩子他需要什么,在学校有没有他想要改变或尝试的事情?有没有老师或作为父母的你可以帮到他的事情?

● 出席!除非有紧急情况,否则不要错过你的家长会,我指的是父母双方都要出席。这样你才能真正理解老师所说的话。能够互相交换意见也是非常有益的。这是你作为父母最重要的会议之一。

● 本着开放的心态来参加,不给先入为主的观念或是谣言留有余地。某一个孩子/父母与老师之间的经历并不能代表大多数孩子的经历。你和孩子与老师之间的关系是独一无二的,所以要相信自己的经历,而不能相信别人的经历。

● 认真倾听老师对你孩子的评价,即使这与你在家里的经历相冲突。问问你自己,我在家里的时候和在外面的时候是一样的吗?

答案很有可能是否定的。所以你可以向老师问问题，然后专心倾听。

● 与孩子的老师保持一致。要记住，老师是关心孩子的学业成就、帮助孩子在学业上实现成功的人。你要尽力助推老师想要完成的任务，不能阻碍它。

● 给老师介绍你的孩子。让老师知道你的孩子在运动场上、休息时间是什么样子，或者他的朋友都有谁。知道什么能让你的孩子兴奋，这有助于老师为他精心设计理想的课堂体验。

● 不要害怕向老师提问。如果你的孩子需要额外的帮助，或者如果老师想让他关注某些特别的方面，具体问一下你应该在家里做些什么，以帮助孩子把这种关注转移到课堂中去。让老师明确地告诉你，这是可以的。现在就抓紧时间，这样你们以后就不用拼命追赶别人了。

● 请记住，老师也是普通人，老师也会犯错。要对老师怀有同理心，要知道大多数情况下老师都在尽力去做到最好。如果你对老师怀有同理心，老师就更有可能想去了解你的孩子，也会对你的孩子怀有同理心。

月度家庭会议

参与孩子教育的另一种方式是每月召开家庭会议，我非常认同这一点。家庭会议可以教会孩子很多珍贵的社交和生活技能：倾听、头脑风暴、解决问题、相互尊重、合作，以及关心他人。家庭会议也可以让父母避免陷入权力斗争，能以尊重的态度和孩子分享管控权，避免监督式地管理孩子，学会以一种让孩子更有分享欲的方式倾听。它们甚至可以成为一种发自内心的、珍贵的家庭传统。

定期召开的家庭会议可以给孩子传递这样一个信号，即父母很珍视对他们来说重要的东西，父母很在乎他们所表达的东西。在孩子试图找到自己的动力所在时，家庭会议可以为孩子进行自我评估、自我发现提供一个安全的空间。家庭会议也可以为整个家庭提供结构框架，让一家人远离生活的混乱，重新关注对他们来说重要的东西。

虽然家庭会议有这么多的目标要去实现，但是你也不要太有压力。家庭会议没必要太正式，也不应该开得冗长乏味。在时间上要灵活。对于小一点的孩子，在任何地方开10到12分钟就足够了，大一点的孩子需要的时间可能稍长一点。为了保证秩序，可以让正在发言的人手里拿一块特殊的石头或是一个小饰品，表明他或者她有发言的权利。（在我们家早期的家庭会议中，我们拿的是一个乐高版的蝙蝠侠。）这样有助于形成会议的感觉，从而真正培养倾听的技能，不仅对孩子，对父母也是如此。

以下是第一次家庭会议你可以参考的议程模式：

1. 首先进行表扬：介绍家里最近取得的进步，赞扬别人的善良，分享你的感激之情。

2. 提出你的关切。

3. 讨论问题的解决方案，谈论已经取得的进展。

4. 谈论即将来临的安排、学校里接下来要做的事，以及最近的家庭活动等。

5. 以游戏、祈祷或冥想结束会议。

教育性的家庭活动：在象棋中学习

家庭会议太正式了，任何即兴的活动也可以成为所有参与人员的学习经历。意思是你也可以从中学到东西。事实上，你可能会因为孩子教给你的东西而惊讶不已。为了阐释这一点，我要给你介绍我们家一起下象棋的传统。

在孩子动员我下象棋之前，我从来没有下过象棋。（我更喜欢下跳棋。）7岁的亚瑟和8岁的杰克逊最终说服我去尝试一下。他们说象棋是适合任何人玩的游戏。但是在我的经历中，情况并非如此。到现在我已经下了好几年象棋了，但和我相比，他们的水平依然遥遥领先，但总有一天我能赢了他俩！我能从每一场比赛中都学到新的东西。象棋是顶级的脑力游戏。你知道吗？每个人走完一步，就有 400 种可能的不同位置。现在试着这样想一下：每个人走完三步，就有 900 万种可能的不同位置。[154]

我的孩子之所以开始下象棋，这要归功于罗伯特·罗马诺（Robert Romano）博士——或者，就像我喜欢这么叫他，直接叫他罗马诺。他是那种能让你觉得自己是世界上最特别的孩子的老师。所以，在罗马诺建议我的孩子们去下象棋的时候，他们欣然接受。

先是两个孩子开始下象棋，接着他们的朋友也开始了下象棋，不久之后我们就带他们去参加第一次象棋赛，这是一次很有意思的经历，因为父母甚至不可以观赛。是的，不让观赛！你把他们带到那里——在一个摆满象棋桌的大屋子里，放着一排一排的棋盘，你可以帮孩子找到自己的棋盘和对手——但接下来就开始倒计时，让父母到外面去："十，九，八。"——孩子就开始朝父母喊："出去！"——"七，六，五。"——"不要拍照片了！"——"三、二、一。请父母到外面等候，比赛立即开始！"

第一次在等候区的经历是痛苦难熬的。象棋赛和足球赛的配置差不多：每个人带着折叠椅，带着装满饮料和零食的冷却器，但区别是你看不到孩子的任何动作。你只能等待，等待你的孩子带着比赛的结果从那扇双层门出来。有时候他们是竖着大拇指，有时候是大拇指朝下，有时是哭着出来，有时出来的时候只有纯粹的喜悦。是的，下象棋就像是你的情绪在经历一场过山车，虽然父母会陪着你，但你基本上都是被困在一个大箱子里，被困在黑暗中，直到这一程结束……然后作为父母，你就得处理后续的事情了。

棋手所分配的对手是跟自己的等级相匹配的，他们的等级是根据他们在最后几场比赛中的获胜率来排列的。因为亚瑟在最近几场比赛中有相对稳定的表现，他的等级就上升到和初高中孩子比赛的水平。但接下来的这场比赛进行得不是很顺利。事实上，在我们以为事情已经极度糟糕的时候，它却变得更糟糕了。

这是亚瑟今天的第四场比赛。我们发现对手的爸爸正在用普通话给他出谋划策，他们以每小时80英里的速度飞快地移动着棋盘上的棋子。而我们呢？我没有明智的见解可以给亚瑟提供指导，也不会第二语言，亚瑟看起来也不自信。我能做的只是在他的脸颊上轻轻吻了一下，说："玩得开心！"这只是象棋而已。

这个故事最终也没有出现反转，没有出现那种后来者居上的胜利。事实上，不到十分钟时间，亚瑟就出来了，拇指朝下，他的目光越过在焦急等待孩子进入等候区大门的父母，在寻找一个属于他自己的拥抱。

失败并不有趣。亚瑟蜷在我怀里，十分沮丧，疲惫不堪。但是接下来罗马诺朝着我们这边走过来了，他手里拿着写字夹板，耳朵上别着一支铅笔，脸上带着甜蜜的笑。

"亚瑟，"他说，"怎么样？"（其实他已经知道比赛的结果了。）

亚瑟说："我输了。"

罗马诺叹了口气，坐到我们旁边，说道："你没有输，你学到了东西。"

听了这话，我和亚瑟都很惊讶。我们两个都看着罗马诺——象棋老师，我们的朋友，也是个全能的、了不起的人——突然就一下子有了精神。

罗马诺继续说："告诉我到底怎么回事？"亚瑟开始给他慢慢讲述比赛的情况。（在我看来是用另一种语言在讲，因为在他们谈论象棋的时候，如果眼前没有棋盘可以盯着，我是完全跟不上他们说话内容的。）

罗马诺专注地听着，然后他又问："所以你学到了？"

亚瑟抬起头，露出了那天他脸上出现过的最灿烂的笑容，说："是的，我猜我学到了。"

太好了，成功了。

从这次经历中学到东西的不仅有亚瑟,还有我,以及现在他爸爸和杰克逊也从中学到了东西。对我们来说,每局象棋比赛的结果,每场体育比赛,以及所有与输赢有关的事情现在不再只是有关输赢的事情了,而是有关学习的事情。明白这一点是世界上最美好的礼物!当然,随着两个孩子不断长大,赢了就意味着赢了,输了就意味着输了(比如说学习成绩差,输掉体育竞赛,或者找工作不理想),但他们依然能从中学到东西——最重要的是他们理解了获胜不是最重要的,学习才是。

在我们家,象棋还扮演着一个很重要的角色。它可以让我的两个还在上小学的孩子在我跟前占上风(他们就喜欢这么说)。在这个领域,他们知道的要比我多很多。这样的情况并不是在每件事情上都可以看到,这可以让孩子们教会我一些东西。这个过程很纯粹,很真实。象棋给了我们另外一种与彼此联结的方式,给了他们自信,让我明白了我一直在学习,最重要的是,我在向他们学习。象棋真的教会了我们,学习是一个不断进行的过程,可以把学习看作是生活中不断出现的一块拼图。在象棋中,你总是可以学到更多,总是可以变得更好。象棋中有无限种可能。我希望在未来的好多年我们依然可以一起下象棋,这是我们家最新的传统,也可以变成你们家的传统。

你在考虑在家庭中融入什么学习活动的时候,知道这项活动有什么好处很关键。象棋对大脑有诸多好处,这已经不是什么秘密了。象棋可以培养孩子解决问题的能力,提高孩子的认知能力、语言能力和批判思维能力,锻炼左右脑,树立自信,提高孩子的学习成绩——还有很多很多。亚瑟的象棋老师说象棋可以帮亚瑟"慢下来"。亚瑟做任何事情的时候都火急火燎,所以学着如何慢下来,仔细考虑各种选择对他来说很有好处。对杰克逊来说,他在思维方面很有条理,下象棋强化了他的这种优势。

所以,你怎样才能变得不再畏惧,并开始尝试下象棋呢?首先,找一个孩子或成人,给你展示每一枚棋子是怎样移动的。要对自己有耐心,要把所有东西都学会得花些时间。一旦你知道了最基本的东西,只要有机会就参加比赛。挑战你可以挑战的任何人:男的、女的,或者孩子。在我们家,我们偶尔会在晚上举行小型的象棋比赛。我丈夫和我分别对战一个孩子,然后我们进入半决赛。有时我们忙着下象棋,甚至顾不上停下来吃晚饭。

如果你相信你和你的孩子总在不断学习、不断成长,那你的家庭也会变得越来越好。请接受罗马诺分享给亚瑟的话,也是约翰·C.麦斯威尔(John C. Maxwell)的名言:"有时候你会赢,有时候你会学。"这句话不仅能打开你的思路,还能给你提供新的视角。以下是一些我喜欢的关于学习的名言,可能也会对你有所启发:

- "我依然在学习。"——米开朗琪罗,87岁
- "你读书越多,知道的就越多。你学到的越多,就会去更多的地方。"——苏斯博士
- "告诉我,我可能会忘记。教给我,我可能能记住。让我参与,我才能学会。"——本杰明·富兰克林

专家育儿建议:让游戏成为一种积极的学习体验

- 找到让孩子可以教你的方式。把这种教学变成一种常态。给孩子提供空间,让他们以对自己有意义的方式教你。让他们学习如何成为一名老师。
- 改变你谈论输赢的方式。在家里用这样的口头禅:"我没有输,我学到了。"紧接着再问,"你学到了什么?"获胜固然很好,但它不是所有竞争行为中最重要的事情。失败意味着学习。保持这种观点真的能让孩子成长。
- 象棋的好处无穷无尽。它可以提高数学技能、目标设定、计划和结果等等。如果象棋不是你家人所钟爱的活动,你可以找其他有类似好处的活动。

●呼吁同情！如果有人对你或你的孩子表现出了同情，你要为这样的同情心怀感激。要赞美那种行为！就像罗马诺在象棋比赛之后对亚瑟表现出的那种同情心，要真正看到这种同情，让孩子知道真正的同情看起来是什么样的，表达出来是什么样的。

●接受你和你的孩子在学习过程中所处的位置。知道你在成长，关注你的学习曲线的不断扩张。正如沃尔特·惠特曼（Walt Whitman）所说："对他人感到好奇，而不是评估判断。"

●要记住，学习无处不在！向你的家人学习，向你的孩子学习。创造一个鼓励学习的环境！

作业烦恼

现在让我们谈谈家庭作业，这是家庭学习的一部分，是给许多家庭造成压力和担忧的原因。

关于家庭作业的争论已经持续了几十年了，在体育比赛中，在生日聚会上——在任何有家长聚在一起的地方，家庭作业总是讨论的话题，并且这样的讨论通常不会是积极的。家长的抱怨各种各样，不胜枚举：

"我的孩子整晚都在熬夜写作业。"

"在家庭作业上我给他帮不上忙。"

"孩子要做的家庭作业一点用处都没有。"

还有很多很多。从根本上来说，家庭作业对任何人来说都不好玩，包括家长。

但这样说有点不公平，家庭作业也有好玩的时候。我记得杰克逊三年级的时候，有一项数学作业是要他准备早餐的菜单，还要有定价，等等。（这是学金钱的那一单元的作业。）杰克逊对这个任务感到很兴奋,他甚至最后给我和丈夫做了一道他菜单上的菜。

但不幸的是,对许多家长和孩子来说,这样的享受是极其罕见的。对于学龄儿童的父母来说,弄清楚如何让孩子轻松完成家庭作业可能是最大的难题之一。不管是现在作为父母,还是之前当老师的时候,我都能看到家长面临的这一难题。

下面是一篇脸书上的帖子,讲的是一位母亲面临这一情况时的挣扎(此处匿名):

> 我最终放弃了。我的儿子是个完美主义者,他会问我作业,我会给他指导,但他讨厌我这样做,因为他总是觉得我知道答案,只是不告诉他。有时候我的确会告诉他答案,有时候我不会告诉,我想让他学会如何找到答案。老师告诉我放学后要让他放松一下,要让他特别有条理(给书包里的文件夹贴上标签,要有一个不受打扰的学习空间——不是厨房的餐桌),要有很多写作业用的工具,钢笔、铅笔、蜡笔等等。每学习20分钟就休息一会儿,把休息作为一种奖励,让他保持学习的动力。给他讲一个与自己有关的故事,帮助他理解这个理念。最后我还是放弃了,因为我们之间为此争吵了太多次了。我选择给他提供寻求帮助的渠道,包括作业辅导热线、朋友、互联网、放学后留校,我也给他找了家教。现在,我可以很自豪地告诉你他已经在读大学的第三个学期了,而且表现十分出色。他每周至少学习25个小时,成绩都保持在"优秀"和"良好"。他是一个很棒的大学生。我一直都坚信不要替孩子写作业。我见过太多的家庭作业,孩子可能连碰都没有碰过,不要那样做。让你的孩子去经历失败。学龄期是他们应该经历失败的时候,失败的后果不会改变他们的生活,他们可以学会振作起来,拍拍身上的灰尘,以后做得更好。[155]

你能把这个故事与自己联系起来吗？这是一场情感、考验和磨难的旋风。但你有没有注意到在最后，一切都好起来了？要吸取这位母亲总结的惨痛教训，在家庭作业变得很棘手的时候尤其要记住这一点。

现在我们再增加一个新的视角。在我当老师的时候，我一直相信家庭作业的意义，我相信只要能以有意义的方式去利用它，家庭作业就可以教给孩子责任感，可以让孩子实践在学校所学的东西。

作为父母，我意识到过多的家庭作业不仅对孩子本人有害（限制他们培养其他兴趣的能力），而且对家庭生活也有极其负面的影响。现在有些非常重要的研究表明，在某些情况下，在某些特定年龄的群体中，家庭作业对学生没有任何帮助。如果你把这一信念和这些确凿的证据融入你的家庭生活中，那你就可以对家庭作业有一个更平和的心态了——这是一次可以改变人生的经历。

高效完成家庭作业的策略

2016年8月，我就家庭作业的相关研究采访了斯坦福大学"挑战成功"项目的合作创始人丹妮丝·波普（Denise Pope）博士。我对我所听到的内容十分着迷，当我了解到这项研究时，至少可以说，我欣喜若狂。

在她看来，父母需要知道以下内容：

● 从幼儿园到四年级：家庭作业与学业上的成功无关。

● 初中到高中：如果合理应用，家庭作业是有用的，但孩子在家庭作业上花的时间不能超过90分钟到2个小时。超过了这个量，家庭作业与学业表现和学业成功之间就没有联系了。

● 家庭作业要有意义。比如说，老师安排学生阅读第一章的课文《杀死一只知更鸟》(To Kill a Mockingbird)，是为了给第二天的课堂讨论做准备。

● 个性化的家庭作业计划可以帮助弥合标准化课程和个人需求

之间的差距。

有一篇文章总结了斯坦福大学从2020年8月开始的对有效家庭作业要素的调查研究，文章观点如下：

> 鉴于该研究的大部分内容都指出家庭作业的好处很少，或者根本没有好处，我们要求教育者认真审视一下他们目前的做法和相关政策。一些低年级的教育工作者可能会考虑完全取消家庭作业，只要求学生花时间阅读，体会阅读的快乐（这与学习的成就呈正相关），或者给他们留出更多的时间，让他们尽情地玩耍，享受与家人在一起的时光。至少，我们建议教育工作者和家长关注大多数积极的研究，即了解让学生参与学习的价值，以及了解学生参与学业成就之间的联系。如果要布置家庭作业，那也应该布置适合学生发展水平的、有意义的、对学生来说有吸引力的作业。[156]

令人鼓舞的是，有些学校已经开始认真对待这项研究的结果了。马里布高中学校（Malibu High School）的网页上就有"家庭作业政策"页面，其中包括对父母、学生和老师的指导及建议。[157] 以下是他们给父母的一些建议：

● 充当啦啦队或支持者的角色，而不是变成监督家庭作业的警察：在理想情况下，学生应该可以单独完成作业，不需要父母的帮助。父母不应该检查、修改，甚至是替孩子写作业，而应该为孩子提供必要的物品，对孩子当前正在学的内容表现出积极的兴趣。

● 和孩子一起制定一个健康的活动日程表，日程表上要安排时间完成作业，做手工项目，复习考试——同时要保证孩子有足够的睡眠时间、玩耍时间、和家人待在一起的时间，以及休息时间。

● 给孩子传授一些技巧，帮助他明智地分配时间，按时完成任务，培养良好的学习习惯。

●如果出现问题，鼓励孩子直接与老师沟通，为自己发声。

●鼓励老师和你及孩子一起制定有效的家庭作业政策。首先就孩子面临的问题或家庭作业方面的挑战与老师进行沟通。

●要认识到，从长远来看，偶尔错过家庭作业，或家庭作业做得不好并不会伤害你的孩子。家长可以帮助孩子安排时间，或优先安排某项作业，但如果父母经常帮孩子把忘掉的作业送到学校，或者总在关键时刻介入营救孩子，那他们可能会剥夺孩子发展复原力的机会。

遵循以上建议可以极大地缓解孩子在做作业时面临的压力。关于这个话题，长岛大颈公立学校（Great Neck Public Schools）专门制定了相关文件，文件里说道："要认识到孩子们在以不同的方式学习，有不同的学习风格——有些孩子可以一口气把作业写完，而另一些孩子则需要频繁地休息。和你的孩子讨论在什么样的学习环境下，他们才能写出最好的家庭作业。"[158] 例如，有些孩子喜欢坐在安静的空间里，而有些孩子则在有背景音乐的情况下表现得更好。

我希望以上资源能给你提供鼓舞和帮助。如果你孩子的学校还没开始这方面的改革，你可以考虑在你所在的社区倡导更健康的家庭作业政策。

减轻日常作业的负担

现在，孩子们仍然要写作业，而且有很多作业，那么你可以做些什么呢？你如何将这项研究融入孩子日常的作业中呢？以下是我为我正在上小学的两个孩子所做的事：

●给孩子讲述研究的结果。为什么要这样做？这样做可以减轻孩子的压力，可以让孩子把家庭作业看得不那么严重。还记得那位称她儿子是完美主义者的妈妈吗？没有必要这么紧张。当然，你要让孩子总是在尽力而为，但是要放松。如果这样做有效果，那要归功于这项研究！

● 孩子到家以后，进入家庭作业模式之前，先让他在家里休息一下。要记住他在学校待了一整天，然后可能参加了课外活动，在那之后，还有家庭作业要做。我知道有很多父母只想让孩子尽快把作业写完，这样他们就不用处理或考虑作业的事了。我能理解。但当你结束忙碌的一天回到家，你想到家后立刻重新开始工作吗？答案很有可能是否定的。把这一逻辑也用到孩子的身上。

● 不要拿你的孩子和其他任何人相比。每个孩子都是独一无二的，每个孩子都会成长，都能按照自己的速度在学习上取得进步。

● 当孩子面临大量的家庭作业时，要对他有同情心。设身处地地为他着想，让他知道你在他的身边陪着他。

● 在孩子独立完成家庭作业时，要帮助他学会信任自己。不要在孩子身边盘旋，要让他认识到他可以应付得了学校的家庭作业。

● 要让孩子知道上学是他的本职。期待你的孩子可以完成自己的工作，保持最努力的状态。

● 作业太难或孩子没有完成作业的时候，要和老师沟通。在家庭作业上没必要给孩子施加任何额外的压力。如果你的孩子需要多一天来完成作业，你可以问老师。如果你的孩子不理解作业，你可以请老师指导。你可以向老师问问题。随着孩子不断长大，你要帮助孩子自主地和老师进行沟通。为自己发声是一项必要的技能，一旦孩子发现没有你在场，他也可以和老师交谈，他就会因此变得更好。

专家育儿建议：速度作业

如果某一天孩子们放学后的日程安排得很满，我就会宣布我们今天要进行"速度作业"。这个名字听起来有点古怪，但这是几年前我采访完丹妮丝·波普之后想出来的一个策略，从那时起我一直在用。这个方法很简单，就是把家庭作业变成一种游戏。（还记得那项相关的研究吧！）

> 我的两个孩子非常地好胜,所以他们很喜欢这个方法。该方法最基本的原则就是我们都坐下来,专注地工作20到30分钟。其间不允许说话,不允许分心,就像一场考试。通常情况下这一方法都很管用。当然,有些时候他们需要的时间会更长一些,但这个策略可以让他们集中注意力(在生活的方方面面这都是一项非常重要的技能),不再拖延,遇到不理解的问题就跳过去,没必要太过纠结——但是要认真思考——诸如此类。现在……各就各位,预备,开始!

如果你是终身学习者,请举手!

随着《城堡法则》最后一章的内容进入尾声,我想让你知道的是,本节所介绍的建筑模块不仅仅是关于在人生的方方面面教育好孩子,还有作为父母,你要明白为人父母的旅程就是一个终身学习的过程。我们都有这样的好奇心,即在孩子成长为最好的自己的过程中,我们如何最好地理解他们、支持他们、培养他们。终身学习就能让我们满足这样的好奇心。如果作为父母我们停止了学习,那孩子在成长过程中需要我们的时候,我们就无法立即提供他们所需要的帮助。

在卡罗尔·德韦克(Carol Dweck)博士的著作《终身成长:重新定义成功的思维模式》(*Mindset: The New Psychology of Success*)中,卡罗尔解释说关于能力的潜在本质,尤其是关于学习和智商方面的能力,我们都有不同的见解。为了描述这些见解,卡罗尔创造了两个专业术语:"定式思维"和"成长型思维"。她发现成长型思维的孩子(以及成年人!)认为智力和能力是可以发展的,可以通过努力、坚持、尝试不同的策略以及从失败中吸取教训等方式得到发展。"当你理解了定式思维和成长型思维,"卡罗尔说,"你就可以清楚地看到一件事情是如何引起另一件事情的——如果你认为你的品质是刻在骨子里的,这一信念是如何引起一系列相关的想法及行动的;如果你认为你的品质是可以培养的,这一信念又是如何引起一系列不同的想法及行动的,这些想法和行动又是如何把你引向不同的人生之路的。"[159]

我想让你开始把自己看成一个成长型思维的人,看成育儿领域中的一个终身学习者。我相信在生活的其他方面,你肯定一直在不断学习、不断成长;学习是我们生而为人重要的一部分。但是作为父母,也要真正关注终身学习,这会让你拥有以前从来没有过的那种自由。我在本书序言部分已经谈到了这一点。我跟你分享过在育儿之路上,我觉得自己做得并不完美,但整体上我对自己所做的事感到满意。我想让你也有这样的感觉。

我写这本书花了好几年的时间,如今在我写最后的这部分内容时,我的两个儿子已经是中学生了。迄今为止,我所学到的东西以及我所实践的方法为我的孩子、我的家庭打下了非常坚实的基础,但是作为终身学习者,我知道前路漫漫,我依然有很多需要学习的东西。过不了多久,我又必须适应新的方式,并开始观察我的两个孩子如何进入青春期、度过青春期。我必须根据他们在这个世界上如何成长、如何扩展、如何成熟来调整自己。简而言之,我必须学会看我的孩子正在成为什么样的人,而不是他们过去是什么样的人。

我很兴奋,但我觉得这种感觉和他们小时候我的感觉有点像。你还记得我谈到过在初为人母的时候,我对自己感到不自信的事吗?后来我学会了如何管理自己的情绪、如何教育自己之后,虽然这些感觉已经有明显的缓解,但是我依然会焦虑,毕竟我也只是普通人。

在以后,我会继续使用《城堡法则》中介绍的基本建筑模块,它们是真正可以引领我的东西。我会继续信任自己,相信作为父母,我和丈夫——我们已经掌握了这些建筑模块,亚瑟和杰克逊也掌握了这些模块。我会继续引导他们、支持他们,但为了实现他们的人生梦想,我知道我必须看着他们充分培养对自己的信任。你还记得我告诉过你对自己要宽容吗？因为这是你第一次创建一个家庭。当你在孩子的生活中，见证一个又一个的里程碑时，要记得提醒自己遇到的每个里程碑都是你的第一次，一次又一次的第一次。对自己要温和，你具备自己需要的工具，你知道怎样解决事情，并且（这是我最后一次提醒）在为人父母的道路上，你要以同情心为出发点，也要以同情心为落脚点。你已经掌握这一点了！

结 语

> 自信地朝着你的梦想前进，过你想要的生活。
> ——亨利·戴维·梭罗（Henry David Thoreau）

亲爱的读者：

首先，我想感谢你，感谢你的聆听，感谢你把我的话记在心里，感谢你和我一起成长，一起学习。

作为一个有抱负的作家，我喜欢幻想各种标题。这个过程很有意思，但想到的很多标题并不足以概括我的思想。在我想到的标题中，有三个最具潜力：第一个是《经验丰富的父母》，接着是《尚在建设中的孩子》（这也是我博客节目和电视节目的名称），最后是《城堡法则》。在我写这本书的时候，我的生活真的很忙碌——身兼多职，既是妈妈、妻子、女儿、姐妹，也是朋友、电视记者。后来，我把写书搁到了一边，觉得我永远都不会成为真正的出版书籍的作家。借用杜威克博士的话说，我属于定向思维。现在，我发现这三个标题与我作为父母在成长路上经历的几个阶段相对应——当然我还在继续成长。

《经验丰富的父母》映射的是在尽力而为、专注育儿、努力让自己做到最好的我。

《尚在建设中的孩子》映射的是我发自内心的感受，既想要了解我的孩子，也帮其他父母真正了解他们的孩子。正如我所说，你是世界上最了解自己孩子的人——是你，不是任何一个医生，不是育儿领域的任何专家，不是任何其他人。但是，如果你能通过孩子的镜头看到他们每天、每小时、每分钟的成长，你就一定能以同理心、接纳、安全感、信任、爱、期望和教育来养育孩子，你就能发现对你、你的孩子以及你的家庭来说，什么才是最好的。

但是要灵活，要倾听别人的意见，接受别人的研究与经验，这是非常重要的技能。要充分利用他人的帮助，他们可能具备你需要的知识。通过本书，你可以看到别人的帮助让我获益匪浅。《城堡法则》就是最后的标题，就是我想要的那个标题。我真诚地希望你能吸收这本书里可以学到的东西，在为人父母的过程中将它付诸实践，真正了解你孩子真实的样子，这样就可以建造出你们家梦想中的城堡。

对自己要有慈悲心。找到你之所以是你的地方，抓住其中一个特点，让你自己和你的孩子都看到这个特点。他们会喜欢的。每天对孩子多一点同情心，它会不断累积，直到同情心成为你看待孩子的第一角度。如果你没有做到这一点，也要原谅自己。

要接纳你的孩子，算我恳求你。我们知道不被接纳对孩子的伤害有多大。没有人是完美的，我们要让孩子知道这个事实，这样他们就能更好地接纳自己的不完美。

为孩子提供情绪安全。真正地让孩子分享他们的情绪，尤其是这样的情绪让你感到不爽的时候。给孩子示范怎样管理自己的情绪。

相信你的孩子，要知道他们很有能力。他们需要掌握相信自己这项技能，凭借这项技能度过自己的一生，而不需要从你或这个星球的任何人那里寻求认可。爱你的孩子。这里你知道应该怎么做。

期望你的每一个家庭成员都可以做到最好。要保持积极，但也要给各种感受留出空间。要期望快乐，如果快乐没有到来，就告诉自己："亲爱的自己，我已经得到快乐了。"

最后，只要你在我认为世界上最重要的工作中坚持做一个终身学习者，你就是好样的。乐于接受各类新知识，乐于和孩子一起成长。你没必要守在你现在所在的位置。要记住，只要你愿意把梦想变成现实，你就具备建造自己梦想中的城堡的能力。

此致
敬礼！

唐娜·泰特罗

尾 注

1.Heather S. Lonczak, "20 Reasons Why Compassion Is So Important in Psychology", Positive Psychology, September 13, 2021, https://positivepsychology.com/why-is-compassion-important/.

2.Ibid.

3.Child Maltreatment 2019, U.S. Department of Health & Human Services, Administration for Children and Families, Administration on Children, Youth, and Families, https://www.acf.hhs.gov/sites/default/!les/documents/cb/cm2019.pdf.

4.Paul Gilbert, "The Origins and Nature of Compassion Focused Therapy", British Journal of Clinical Psychology 53 (2014): 19.

5.James N. Kirby, "Nurturing Family Environments for Children: Compassion-Focused Parenting as a Form of Parenting Intervention", Education Sciences 10, no. 3 (2020): 5, https://doi.org/10.3390/educsci10010003.

6.Joshua Schultz, "5 Diferences between Mindfulness and Meditation", Positive Psychology, December 11, 2020, https://positivepsychology.com/diferences-between-mindfulness-meditation/.

7.Deborah Bloom, "Instead of Detention, These Students Get Meditation", CNN Health, November 8, 2016, https://www.cnn.com/2016/11/04/health/meditation-in-schools-baltimore/index.html.

8."Research", UCLA Mindful Awareness Research Center, accessed November 12, 2021, https://www.uclahealth.org/marc/research.

9.Ying Chen and Tyler J. VanderWeele, "Associations of Religious

Upbringing with Subsequent Health and Well-Being from Adolescence to Young Adulthood: An Outcome-Wide Analysis", American Journal of Epidemiology 187, no. 11 (2018): 2355–64, https://doi.org/10.1093/aje/kwy142.

10. Ibid.

11. Chris Sweeney, "Religious Upbringing Linked to Better Health and Well-Being during Early Adulthood", Harvard T. H. Chan School of Public Health, News, September 13, 2018, https://www.hsph.harvard.edu/news/press-releases/religious-upbringing-adult-health/.

12. Donna Tetreault, "Dr. Judy Ho: Middle School and Mindfulness", February 22, 2021, in Kids under Construction, ABC4, podcast, episode 5, 42:29, https://www.iheart.com/podcast/269-kids-under-construction-60726054/episode/dr-judy-ho-middle-school-and-60728262/.

13. Ibid.

14. Mark Bertin, "A Daily Mindful Walking Practice", Mindful: Healthy Mind, Healthy Life, July 17, 2017, https://www.mindful.org/daily-mindful-walking-practice.

15. Ibid.

16. Martin Seligman, quoted in Kori D. Miller, "14 Health Benefits of Practicing Gratitude According to Science", Positive Psychology, September 10, 2021, https://positivepsychology.com/benefits-of-gratitude/.

17. Kathy Gottberg, "My Top 10 Favorite Quotes from Abraham-Hicks", SmartLiving365, accessed November 12, 2021, https://www.smartliving365.com/my-top-10-favorite-quotes-from-abraham-hicks/.

18. Catherine Moore, "Positive Daily Affirmations: Is There Science behind It?" Positive Psychology, March 16, 2021, https://positivepsychology.com/daily-affirmations/.

19. Kori D. Miller, "14 Health Benefits of Practicing Gratitude

According to Science", Positive Psychology, September 10, 2021, https://positivepsychology.com/benefits-of-gratitude.

20. Milena Batanova (Harvard School of Education, research and evaluation manager), in discussion with the author, November 17, 2017.

21. Maureen Healy, "Forgiveness: Are You Really Teaching Your Kids How to Forgive?" Psychology Today, September 27, 2010, https://www.psychologytoday.com/us/blog/creative-development/201009/forgiveness.

22. Ibid.

23. Johan Lind, Stephano Ghirlanda, and Magnus Enquist, "Social Learning through Associative Processes: A Computational Theory", Royal Society Open Science 6, no. 3 (2019), http://dx.doi.org/10.1098/rsos.181777.

24. Albert Bandura, Dorothea Ross, and Sheila A. Ross, "Transmission of Aggression through Imitation of Aggressive Models", Journal of Abnormal and Social Psychology 63 (1961): 575–82.

25. "The Practice of Forgiveness", Jack Kornfield's personal website, accessed November 12, 2021, https://jackkorn!eld.com/forgiveness-meditation/.

26. Oxford Reference, s.v. "empathy, n.", https://www.oxfordreference.com/view/10.1093/oi/authority.20110803095750102.

27. Belinda Parmar, "The One Crucial Skill Our Education System Is Missing", World Economic Forum, April 24, 2017, https://www.weforum.org/agenda/2017/04/one-crucial-skill/.

28. Judy Ho, in communication with the author, October 2020.

29. Mayumi Prins, in communication with the author, January 2013.

30. "InBrief: Executive Function", Harvard Center on the Developing Child, 2012, https://developingchild.harvard.edu/resources/inbrief-executive-function/.

31. Michelle Icard, Middle School Makeover: Improving the Way You and Your Child Experience the Middle School Years (New York: Bibliomation, 2014).

32. Michelle Icard, in communication with the author, March 19, 2018.

33. "Interview: Jay Giedd", Frontline, PBS, https://www.pbs.org/wgbh/pages/frontline/shows/teenbrain/interviews/giedd.html.

34. Michelle Icard, in communication with the author, March 19, 2018.

35. Ibid.

36. "What Is Compassion?" Greater Good Magazine, https://greatergood.berkeley.edu/topic/compassion/definition.

37. Ibid.

38. "Introduction", Frontline, PBS, January 31, 2002, https://www.pbs.org/wgbh/pages/frontline/shows/teenbrain/etc/synopsis.html.

39. "Executive Functioning Strategies to Tackle Homework", Dr. Ani & Associates, https://www.doctorani.com/single-post/2017/03/20/executive-functioning-strategies-to-tackle-homework.

40. Waguih William IsHak, in "The Science of Kindness", CedarsSinai, February 13, 2019, https://www.cedars-sinai.org/blog/science-of-kindness.html.

41. "Kindness Health Facts", Dartmouth College, accessed November 13, 2021, https://www.dartmouth.edu/wellness/emotional/rakhealthfacts.pdf.

42. Nancy Werteen, "The Kindness Curriculum: Can Kindness Be Taught?" 69News, February 25, 2020, https://www.wfmz.com/features/life-lessons/the-kindness-curriculum-can-kindness-betaught/article_a5a74a66-5336-11ea-9a83-3b7736a2b4c3.html.

43. Ibid.

44. "The Children We Mean to Raise: The Real Messages Adults Are Sending about Values", Making Caring Common Project, July 2014, https://

mcc.gse.harvard.edu/reports/children-mean-raise.

45. Debbie Goldberg, in communication with the author, November 2011.

46. Christopher Bergland, "The Neuroscience of Empathy", *Psychology Today*, October 10, 2013, https://www.psychologytoday.com/us/blog/the-athletes-way/201310/the-neuroscience-empathy.

47. Ronald Rohner, "They Love Me, They Love Me Not—And Why It Matters", YouTube, uploaded by TEDx Talks on June 15, 2017, 13:53, https://www.youtube.com/watch?v=6ePXxeGrfvQ.

48. Ibid.

49. Ibid., presentation slides.

50. Georgianna Kelman, in communication with the author, October 4, 2021.

51. Sabine Beecher, *Happiness: It's Up to You! Easy Steps to Self-Acceptance and Good Relationships* (Australia: Boolarong Press, 1998), 20.

52. Michael E. Bernard et al., "Self-Acceptance in the Education and Counseling of Young People", in *The Strength of Self-Acceptance* (New York: Springer, 2013), https://doi.org/10.1007/978-1-4614-6806-6_10.

53. Maria Montessori, in "Montessori Education", Montessori School of Oceanside, https://www.montessorischoolofoceanside.com/our-school/montessori-education/.

54. Donna Tetreault, "My Son Course Corrected—and Rediscovered His Love of Golf", *Your Teen Magazine*, accessed November 30, 2021, https://yourteenmag.com/sports/love-of-golf.

55. Pattie Fitzgerald's services can be found at her website: https://safelyevera&er.com/.

56. Rebecca T. Leeb et al., "Mental Health–Related Emergency Department Visits among Children Aged <18 Years During the COVID-19

Pandemic: United States, January 1–October 17, 2020", MMWR: Morbidity and Mortality Weekly Report 69, no. 45 (November 13, 2020): 1675–80, http://dx.doi.org/10.15585/ mmwr.mm6945a3.

57. "Suicide Prevention: Facts about Suicide", Centers for Disease Control and Prevention, accessed November 30, 2021, https://www.cdc.gov/suicide/facts/index.html.

58. The Nielsen Company, *Battle of the Bulge & Nutrition Labels: Healthy Eating Trends around the World* (New York: The Nielsen Company, 2012), 3, http://silvergroup.asia/wp-content/uploads/2012/02/Nielsen-Global-Food-LabelingReport-Jan2012.pdf.

59. Adekunle Sanyaolu et al., "Childhood and Adolescent Obesity in the United States: A Public Health Concern", Global Pediatric Health 6 (2019), https://doi.org/10.1177/2333794X19891305.

60. "Overweight & Obesity: Childhood Obesity Causes & Consequences", Centers for Disease Control and Prevention, accessed November 30, 2021, https://www.cdc.gov/obesity/childhood/causes.html.

61. Jeffrey Wakefield, "Obesity Could Affect Brain Development in Children", Science Daily, December 18, 2019, www.sciencedaily.com/releases/2019/12/191218153444.htm.

62. "Eating Disorder Facts", Johns Hopkins All Children's Hospital, December 21, 2020, https://www.hopkinsallchildrens.org/Services/Pediatric-and-Adolescent-Medicine/Adolescentand-Young-Adult-Specialty-Clinic/Eating-Disorders/Eating-Disorder-Facts.

63. Sarah Stromberg, "Eating Disorders in Children and Adolescents", On Call for All Kids, Johns Hopkins All Children's Hospital, https://www.hopkinsallchildrens.org/ACH-News/General-News/Eating-Disorders-in-Children-and-Adolescents.

64. Katie Kindelan, "High School Senior Loses 115 Pounds by Walking

to School, Changing Diet", GMA: Wellness, May 16, 2019, https://www.goodmorningamerica.com/wellness/story/high-schoolsenior-loses-115-pounds-walking-school-63047775.

65. American Psychological Association, s.v. "emotional security", https://dictionary.apa.org/emotional-security.

66. Peter Pressman, "The Science of Emotions: How the Brain Shapes How You Feel", Verywell Health, updated December 2, 2019, https://www.verywellhealth.com/the-science-of-emotions-2488708.

67. Judy Y. Chu, *When Boys Become Boys: Development, Relationships, and Masculinity* (New York: New York University Press, 2014), back cover blurb.

68. Vicki Zakrzewski, "Debunking the Myths about Boys and Emotions", Greater Good Magazine, December 1, 2014, https://greatergood.berkeley.edu/article/item/debunking_myths_boys_emotions.

69. Ibid.

70. National Scientific Council on the Developing Child, *Young Children Develop in an Environment of Relationships*, Working Paper No. 1, p. 1, https://developingchild.harvard.edu/wp-content/uploads/2004/04/Young-Children-Develop-in-anEnvironment-of-Relationships.pdf.

71. Ibid.

72. K. Lee Raby et al., "The Enduring Predictive Significance of Early Maternal Sensitivity: Social and Academic Competence through Age 32 Years", Child Development 86, no. 3 (May 2015): 695–708, https://doi.org/10.1111/cdev.12325.

73. Angela Theisen, "Is Having a Sense of Belonging Important?" Mayo Clinic, December 8, 2019, https://www.mayoclinichealthsystem.org/hometown-health/speaking-of-health/is-having-a-sense-of-belonging-important.

74. Jay Davidson, "The Family Mission Statement", Child Development Institute, https://childdevelopmentinfo.com/family-living/family_mission_statement/#gs.b98usq.

75. "Forming Family Values in a Digital Age", Barna: Culture & Media, June 27, 2017, https://www.barna.com/research/forming-family-values-digital-age/.

76. "Forming Family Values in a Digital Age".

77. Sarah Conway, "How and Why to Write a Family Mission Statement", Mindful Little Minds, January 10, 2021, https://www.mindfullittleminds.com/family-mission-statement/.

78. Robin Berman, *Permission to Parent: How to Raise Your Child with Love and Limits* (New York: Harper Wave, 2014), 181.

79. Anonymous teacher, in communication with the author, April 20, 2018.

80. Dean Leav, in communication with the author, May 15, 2018.

81. World Health Organization, "Inclusion of 'Gaming Disorder' in ICD-11", September 14, 2018, https://www.who.int/news/item/14-09-2018-inclusion-of-gaming-disorder-in-icd-11.

82. Alan Mozes, "1 in 20 College Students Has 'Internet Gaming Disorder,' Study Finds", U.S. News, July 7. 2021, https://www.usnews.com/news/health-news/articles/2021-07-07/1-in-20-college-students-has-internet-gaming-disorder-study-finds.

83. Ibid.

84. Anonymous mother, in communication with the author, May 9, 2018.

85. Anonymous mother, in communication with the author, May 10, 2018.

86. Gail Miller, in communication with the author, May 9, 2018.

87. Dani Roisman, in communication with the author, May 9, 2018.
88. *Common Sense Media*, https://www.commonsensemedia.org/.
89. Sierra Filucci, in communication with the author, May 16, 2018.
90. Gail Dines, in "Porn Talk: It's the New Sex Talk", Kids under Construction, podcast, April 30, 2020, 37:09, https://podcasts.apple.com/us/podcast/porn-talk-its-the-new-sex-talk/id1503083782?i=1000473116964.
91. "Internet Pornography by the Numbers: A Significant Threat to Society", Webroot, https://www.webroot.com/us/en/resources/tips-articles/internet-pornography-by-the-numbers.
92. Phil McGraw, in "Our Exclusive with Dr. Phil", NBC, February 14, 2019, https://www.nbcbayarea.com/news/local/our-exclusive-with-dr_-phil_los-angeles/8089/.
93. Donna Tetreault, "Giving Your Child the Power to Say No", LA Parent, January 8, 2018, https://www.laparent.com/parenting/the-power-of-no/.
94. Laurie A. Nimmo-Ramirez, in Ibid.
95. John O. Sullivan, "Why Kids Quit Sports", Changing the Game Project, May 5, 2015, https://changingthegameproject.com/why-kids-quit-sports/Julianna W. Miner, "Why 70 Percent of Kids Quit Sports by Age 13", The Washington Post, June 1, 2016, https://www.washingtonpost.com/news/parenting/wp/2016/06/01/why-70-percent-of-kids-quit-sports-by-age-13/.
96. Tony Mazzocchi, "Why Students Really Quit Their Musical Instrument (and How Parents Can Prevent It)", The Music Parents' Guide, February 17, 2015, http://www.musicparentsguide.com/2015/02/17/students-really-quit-musical-instrument-parents-can-prevent/.
97. "Probability of Competing Beyond High School", NCAA, accessed November 30, 2021, https://www.ncaa.org/about/resources/

research/probability-competing-beyond-high-school.

98. "2016 Dra&Tracker", MLB, https://www.mlb.com/dra&/tracker/2016.

99. Making Caring Common Project, https://mcc.gse.harvard.edu/.

100. Challenge Success, https://challengesuccess.org/.

101. Marilyn Price-Mitchell, "The Path to Leadership Begins in Youth", *Psychology Today*, September 26, 2019, https://www.psychologytoday.com/us/blog/the-moment-youth/201909/the-path-leadership-begins-in-youth.

102. Alison L. Miller et al., "Targeting Self-Regulation to Promote Health Behaviors in Children", *Behavior Research and Therapy101* (February 2018): 71–81, https://doi.org/10.1016/j.brat.2017.09.008.

103. Better Kid Care, "Leadership and Children", Penn State Extension, accessed November 30, 2021, https://extension.psu.edu/programs/betterkidcare/early-care/tip-pages/all/leadership-and-children.

104. Ibid.

105. Ibid.

106. Deepak Chopra, "Self-Compassion: Tips for Loving Yourself Just as You Are", The Chopra Foundation, June 22, 2015, https://choprafoundation.org/consciousness/self-compassion-tips-for-loving-yourself-just-as-you-are/.

107. Ibid.

108. Centers for Disease Control and Prevention, "Autism Spectrum Disorder (ASD): Data & Statistics", accessed November 30, 2021, https://www.cdc.gov/ncbddd/autism/data.html.

109. Brigham Young University, "News Release: Parents' Comparisons Make Siblings Different", EurekAlert!, June 16, 2015, https://www.eurekalert.org/news-releases/769274.

110. Ibid.

111. Alison Escalante, "Parents' Love Goes a Long Way", Psychology Today, February 26, 2019, https://www.psychologytoday.com/us/blog/shouldstorm/201902/parents-love-goes-long-way.

112. Ibid.

113. Mary Elizabeth Dean, "Family Love: What It Is, What It Looks Like, and How to Make It Happen", Better Help, November 12, 2021, https://www.betterhelp.com/advice/love/family-lovewhat-it-is-what-it-looks-like-and-how-to-make-it-happen/.

114. Robert J. Waldinger and Marc S. Schulz, "The Long Reach of Nurturing Family Environments: Links with Midlife Emotion-Regulatory Styles and Late-Life Security in Intimate Relationships", *Psychological Science* 27, no. 11 (2016): 1443–50, https://doi.org/10.1177/0956797616661556, cited in "The Importance of Family Love for Emotional Well-Being", ReGain Affection, August 3, 2021, https://www.regain.us/advice/love/the-importance-of-family-love-for-emotional-well-being/.

115. Suzanne Morris, in communication with the author, July 2020.

116. George Santayana, *The Life of Reason* (1905; Cambridge: MIT Press, 2011), 335.

117. Suzanne Morris, "The Inner Self Healing Journey" (unpublished manuscript, November 29, 2021), Microso& Word file.

118. Suzanne Morris, in communication with the author, July 2020.

119. Morris, "The Inner Self Healing Journey".

120. Donna Tetreault, "Kids as Thrivers with Dr. Michele Borba", *Kids under Construction*, ABC4, podcast, March 1, 2021, https://www.abc4.com/podcasts/kidsunderconstruction/kids-under-construction-the-surprising-reasons-why-somekids-struggle-and-others-shine-with-dr-michele-borba/.

121. Emmy E. Werner and Ruth S. Smith, *Journeys from Childhood to Midlife: Risk, Resilience, and Recovery* (Ithaca, NY: Cornell University Press, 2001).

122. Jade Wu, "5 Ways to Develop Self-Love, and Why You Need To", *Psychology Today*, July 29, 2021, https://www.psychologytoday.com/us/blog/the-savvy-psychologist/202107/5-ways-developself-love-and-why-you-need.

123. Ibid.

124. Mark Guay, "Finding Purpose through Being Inspired ('In Spirit')", *HuffPost*, November 2, 2015, https://www.huffpost.com/entry/finding-purpose-through-b_1_b_8449822.

125. Name withheld, in conversation with the author, 2019.

126. Joani Geltman, in conversation with the author, 2016.

127. Katrina Schwartz, "Relationships Are Important: How Do We Build Them Effectively with Kids?" KQED, January 16, 2020, https://www.kqed.org/mindshift/55144/relationships-areimportant-how-do-we-build-them-effectively-with-kids.

128. "About Us", Search Institute, https://www.search-institute.org/about-us/.

129. "The Developmental Relationships Framework", Search Institute, https://www.search-institute.org/developmental-relationships/developmental-relationships-framework/.

130. Michael J. Fox, "Family is not an important thing. It's everything", BrainyQuote, https://www.brainyquote.com/quotes/michael_j_fox_189302.

131. Encyclopedia.com, s.v. "expectation", updated May 17, 2018, https://www.encyclopedia.com/science-and-technology/computersand-electrical-engineering/computers-and-computing/expectation.

132. Courtney E. Ackerman, "Pollyanna Principle: The Psychology of Positivity Bias", updated November 25, 2021, https://positivepsychology.com/pollyanna-principle/.

133. Ibid.

134. Dr. Michele Borba (@micheleborba), "Keep reminding your kids AND yourself", Twitter, September 25, 2021, https://twitter.com/i/web/status/1441816713989820423.

135. "What Chores Are Right for My Child?" Pathways, https://pathways.org/chores-right-child.

136. Yesel Yoon, "The Role of Family Routines and Rituals in the Psychological Well Being of Emerging Adults" (master's thesis, University of Massachusetts–Amherst, 2012), 2, https://scholarworks.umass.edu/cgi/viewcontent.cgi?article=2035&context=theses.

137. Ibid.

138. The Counseling Team, "The Importance of Celebrating During a Pandemic", Canadian International School, https://www.canadianinternationalschool.com/the-importance-ofcelebrating-during-a-pandemic/.

139. Polly Campbell, "Why You Should Celebrate Everything", Psychology Today, December 2, 2015, https://www.psychologytoday.com/us/blog/imperfect-spirituality/201512/why-you-should-celebrate-everything.

140. Ibid.

141. Kate Roberts, "Dr. Kate's Parent Rap: FAST Parenting; The Value of Flexibility", *The Salem News*, April 25, 2014, https://www.salemnews.com/news/lifestyles/dr-katesparent-rap-fast-parenting-the-value-of-flexibility/article_cf869466-66f0-5ee9-b715-6b3ccd426e02.html.

142. "Flexibility Is Our Strength", Great Kids, accessed November

30, 2021, https://www.greatkidsinc.org/"exibility-is-our-strength/.

143. Roberts, "Dr. Kate's Parent Rap".

144. Donna Tetreault, "Co-Parenting Conflict During Coronavirus", *Kids under Construction*, April 2, 2020, https://podcasts.apple.com/us/podcast/co-parenting-conflict-during-coronavirus/id1503083782?i=1000470275309.

145. Ariadne Brill, "Flexibility: Building Block #8 for Positive Parenting", Positive Parenting Connection, February 19, 2013, https://www.positiveparentingconnection.net/"exibility-building-block-8-for-positive-parenting.

146. Reach Out and Read, https://reachoutandread.org/.

147. Ready4K, https://ready4k.parentpowered.com/.

148. Joseph A. Durlak, "The Impact of Enhancing Students' Social and Emotional Learning: A Meta-Analysis of School-Based Universal Interventions", *Child Development* 82, no. 1 (January/February 2011): 405–32.

149. Ronald Williamson, "Importance of High Expectations", Education Partnerships, https://oregongearup.org/sites/oregongearup.org/!les/research-briefs/highexpectations.pdf.

150. Maria Montessori, "The greatest sign of success for a teacher ..." BrainyQuote, https://www.brainyquote.com/quotes/maria_montessori_125856.

151. Maria Montessori, "Joy, feeling one's own value, being appreciate and loved by others", BrainyQuote, https://www.brainyquote.com/quotes/maria_montessori_752858.

152. Maria Montessori, "Never help a child with a task at which he feels he can succeed", BrainyQuote, https://www.brainyquote.com/quotes/maria_montessori_166858.

153. Lyelle L. Palmer, Developmental Brain Stimulation in School and Day Care Settings: SMART Overview (Winona, MN: O%ce of Accelerated Learning, Winona State University, 2003).

154. "Did You Know … ?" Chess-Poster, https://chess-poster.com/english/notes_and_facts/did_you_know.htm.

155. Facebook user, identity withheld.

156. Anthony McGrann, "Should Educators in the Lower Grades Consider Eliminating Homework?" Seconds blog, April 29, 2012, https://seattleseconds.wordpress.com/category/homework/. See also: Challenge Success, "Changing the Conversation about Homework from Quantity and Achievement to Quality and Engagement", 2012, https://challengesuccess.org/wp-content/uploads/2015/07/ChallengeSuccess-Homework-WhitePaper.pdf.

157. Malibu High School, "Homework Policy—Guidelines", Parent Resources, https://www.smmusd.org/Page/1246.

158. Great Neck Public Schools, "Stress and Our Kids", October 2020, https://www.greatneck.k12.ny.us/site/handlers/filedownload.ataid=80897&FileName=StressandOurKidsOct2020.pdf.

159. Carol S. Dweck, *Mindset: The New Psychology of Success* (2006; New York: Penguin Random House, 2016), 10.

北京市版权局著作合同登记号：图字 01-2023-5425

The C.A.S.T.L.E. Method © 2022 Donna Tetreault. Original English language edition published by Familius PO Box 1249, Reedley California 93654, USA. Arranged via Licensor's Agent: DropCap Inc. All rights reserved.

图书在版编目（CIP）数据

城堡法则 /（美）唐娜·泰特罗著；陈丽译 . -- 北京：台海出版社，2024.1
书名原文：The C.A.S.T.L.E. Method
ISBN 978-7-5168-3689-7

Ⅰ. ①城… Ⅱ. ①唐… ②陈… Ⅲ. ①儿童教育－家庭教育 Ⅳ. ① G782

中国国家版本馆 CIP 数据核字 (2023) 第 221443 号

城堡法则

著　　者：	[美] 唐娜·泰特罗	译　　者：	陈　丽
出 版 人：	蔡　旭	责任编辑：	王慧敏

出版发行：台海出版社
地　　址：北京市东城区景山东街 20 号　　邮政编码：100009
电　　话：010-64041652（发行，邮购）
传　　真：010-84045799（总编室）
网　　址：www.taimeng.org.cn/thcbs/default.htm
E - mail：thcbs@126.com

经　　销：全国各地新华书店
印　　刷：天津鑫旭阳印刷有限公司
本书如有破损、缺页、装订错误，请与本社联系调换

开　　本：	880 毫米 × 1230 毫米	1/32		
字　　数：	143 千字	印　　张：	7	
版　　次：	2024 年 1 月第 1 版	印　　次：	2024 年 1 月第 1 次印刷	
书　　号：	ISBN 978-7-5168-3689-7			

定　　价：42.00 元

版权所有 翻印必究